王春研究文集

裴余庆 宋正轩 主编

山西出版传媒集团
山西人民出版社

图书在版编目(CIP)数据

王春研究文集 / 裴余庆,宋正轩主编. —— 太原：山西人民出版社,2020.4

ISBN 978-7-203-11208-2

Ⅰ.①王… Ⅱ.①裴… ②宋… Ⅲ.①王春(1907-1951)—人物研究—文集 Ⅳ.①K825.42-53

中国版本图书馆CIP数据核字(2020)第018863号

王春研究文集

主　　编：	裴余庆　宋正轩
责任编辑：	吕绘元
复　　审：	李　颖
终　　审：	梁晋华
装帧设计：	智慧景潮
出　版　者：	山西出版传媒集团·山西人民出版社
地　　址：	太原市建设南路21号
邮　　编：	030012
发行营销：	0351-4922220　4955996　4956039　4922127(传真)
天猫官网：	https://sxrmcbs.tmall.com　电话:0351-4922159
E-mail：	sxskcb@163.com　发行部
	sxskcb@126.com　总编室
网　　址：	www.sxskcb.com
经　销　者：	山西出版传媒集团·山西人民出版社
承　印　厂：	山西智慧景潮包装印刷有限公司
开　　本：	787mm×1092mm　1/16
印　　张：	16.75
字　　数：	210千字
印　　数：	1—1000册
版　　次：	2020年4月　第1版
印　　次：	2020年4月　第1次印刷
书　　号：	ISBN 978-7-203-11208-2
定　　价：	56.00元

如有印装质量问题请与本社联系调换

王　春(1907—1951)

王春主编出版的晋冀鲁豫中央局版《毛泽东选集》(上下)

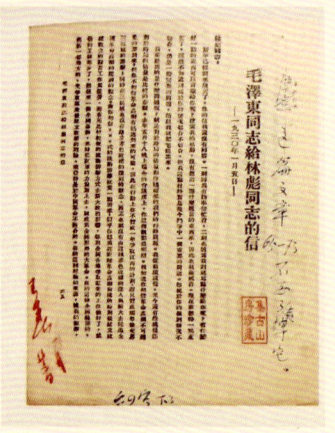 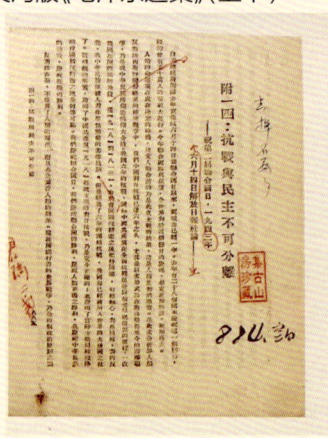

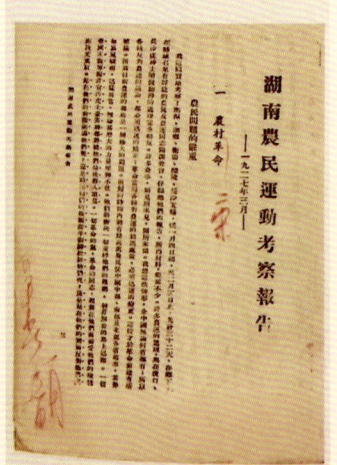 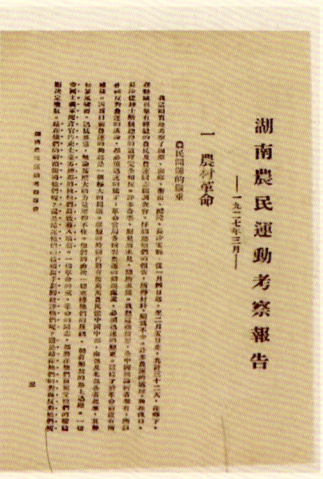

珍贵的清样本

王春的部分著作

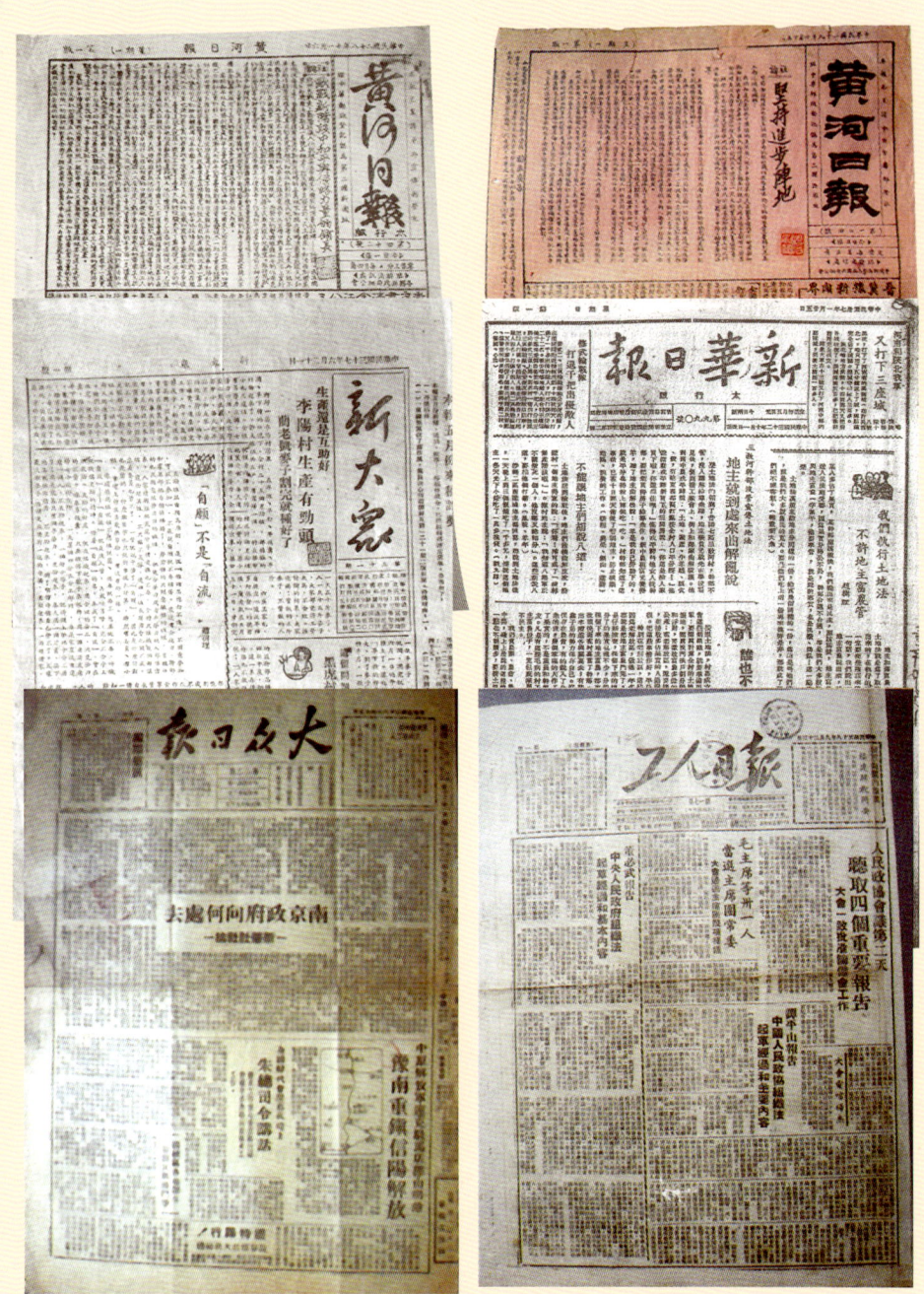

王春担任主编、总编辑、社长时的部分报纸

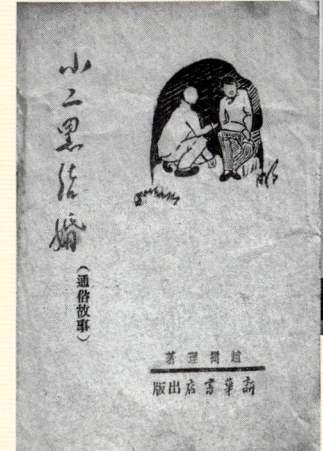

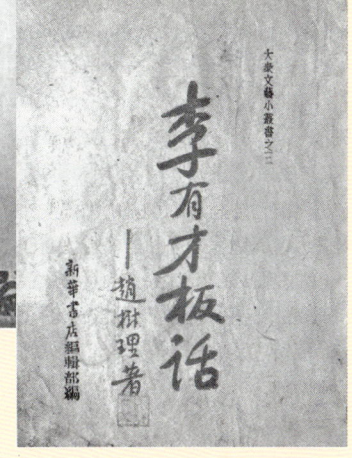
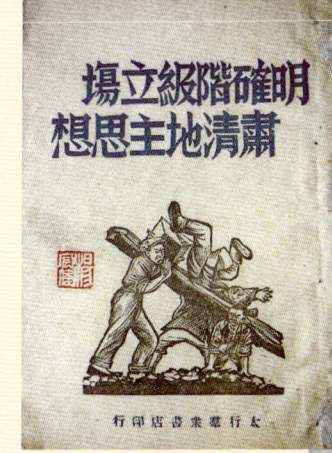

王春任华北新华书店总编辑时出版的赵树理、阮章竞的部分作品

晋冀鲁豫中央局部分新闻工作者在武安冶陶镇赵庄合影，第一排左二张磐石，第二排左一王春，第二排左二赵树理（王小兴供图）

华北新华书店工作人员合影

王春列席第一届中国人民政治协商会议

1949年,王春夫妇在北京

王春一家

1950年，王春、颜天明、李焕章在北京东单西总布胡同30号院

1949年初夏，王春一家和赵树理及女儿在北海公园合影

人民日报 1952年1月5日有关王春逝世的报道

工人出版社副社长兼总编辑　王春同志在北京逝世
刘宁一等已组成治丧委员会

本报讯 工人出版社副社长兼总编辑、北京市大众文艺创作研究会常务委员王春同志，于一九五一年十二月三十日早晨六时零四分以肝脏癌在北京医院逝世，年四十岁。

王春同志一九〇七年生于山西阳城县四侯村。一九三七年参加中国共产党。历任华北新华日报编辑科科长，华北文联《华北文化》总编辑，中共中央北方局研究室编辑，华北新华书店总编辑，新大众报社社长，北京大众日报社长，工人日报社长，工人出版社副社长兼总编辑。十余年来，在党的文化、宣传事业上有很多贡献。

为办理王春同志的丧葬事宜，中华全国总工会、工人日报社、工人出版社、北京市文艺工作者联合会、北京市大众文艺创作研究会等单位推定刘宁一、张磐石、平杰三、杨献珍、戎子和、许之桢、刘子久、陈希文、李伯钊、赵树理、王亚平、王显周、史育才、彭庆昭、陈用文、颜天明、章容、顾锡章、张诚、史迈、曲跻武、苗培时、于成等组成王春同志治丧委员会，并决定将王春同志遗体暂厝于北京嘉兴寺，一俟墓地等事安置，即定期举行安葬和追悼。

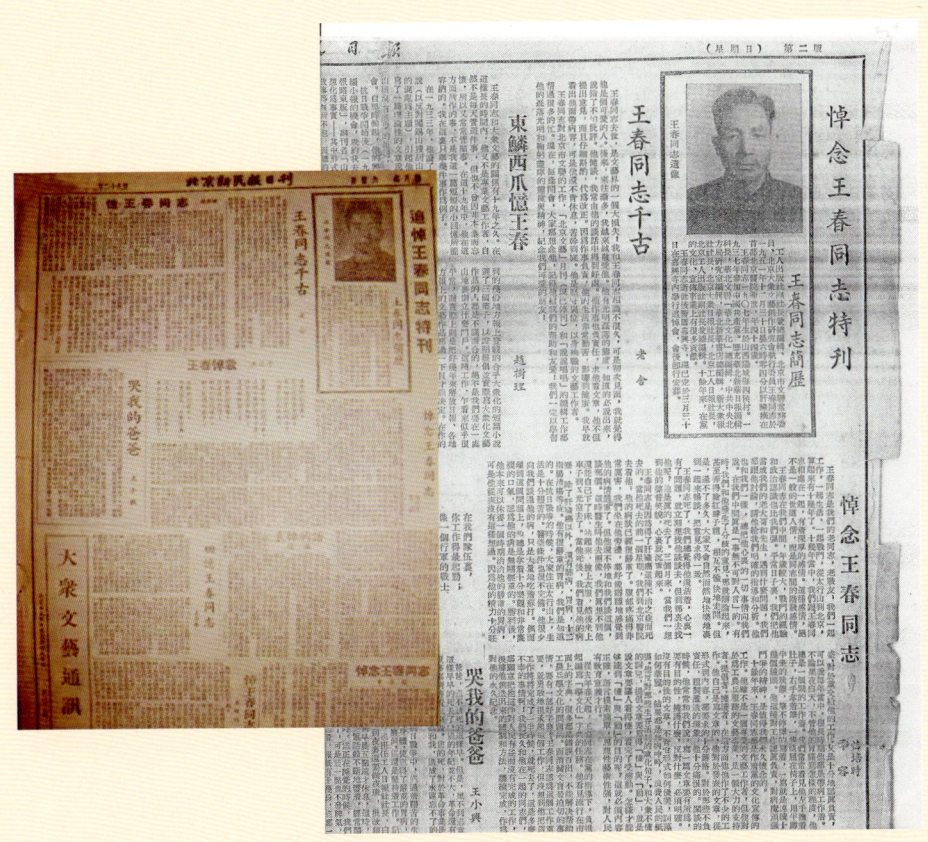

1952年1月5日，《人民日报》有关王春逝世的报道
1952年3月30日，《工人日报》悼念王春同志特刊
1952年3月29日，北京《新民报》追悼王春同志特刊

（王小兴供图）

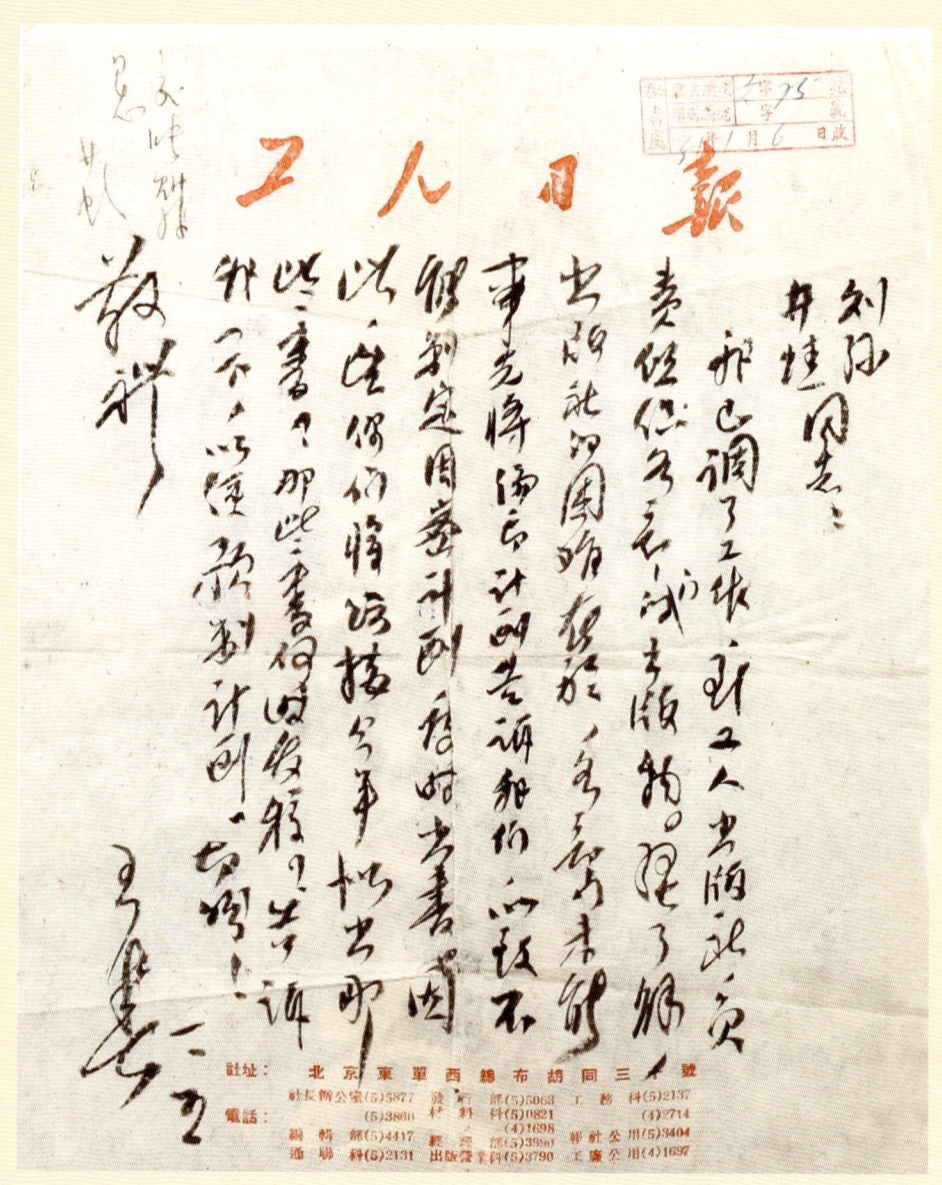

王春手迹

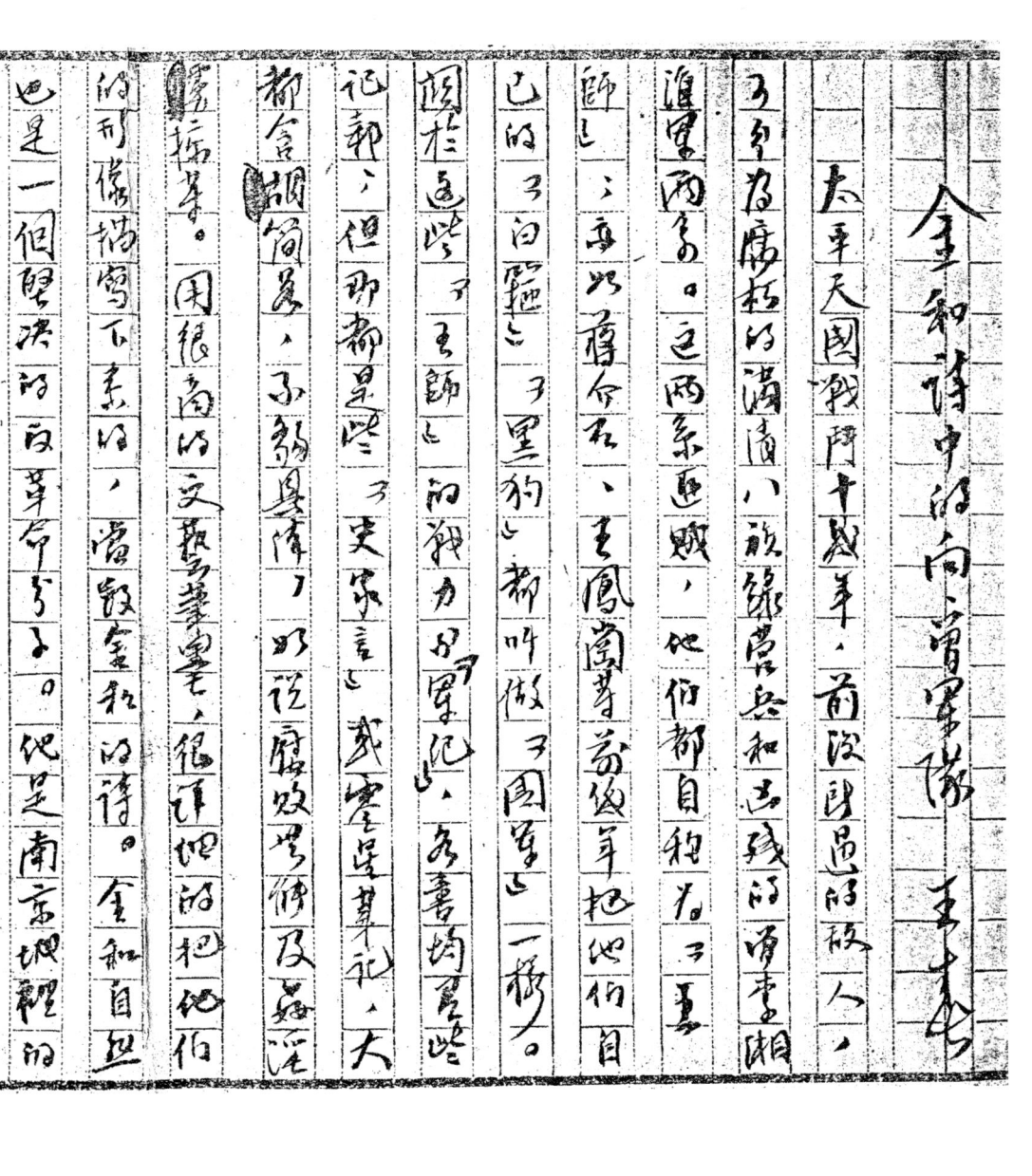

金和诗中的向荣军队 王书奴

太平天国战争十数年，首役武昌遇人，
了于为庸枯的满洲八旗绿营兵和出残的湘军湘
进军两广，这两条匪贼，他们都自称为了王
师之，实则尊令石，玉凤为芽苟贪牢把他们目
已的事白驱己了黑豹，都听做了围军之一般了。
围桂这些了王师之助神力升军纪此，各书均言略
记都: 但那都是些了史家言之，我辈笔算记。大
都会问简要，永朗具隆了邸说府政军肄及臻深
居振荣。用很高的文艺笔墨，很详细地把他们
的可惨情形写下来以，愤慨金和的诗。金和自己
也是一个壑淡的百草命引了。他是南京坝胆的

一個秀才，當太平軍攻克南京的時候，他沒跟著逃跑及逃走，於是他便挺著辮髮投誠，並剃目眉以剃實跟飲酒，一直和旁圍攻下南京後，他才又回去。但就是這樣一個反秀文人，只因向榮軍营八旗、綠營不能使他死期盼的那麼可能作戰，又因他軍餉沒看到過大富大貴，還

在民間流氣，碰上的句曾家僧的幕行軍件字，在五眼子達，所以他把起詩來，把他們痛的咒罵、搞鬻了一書。他的詩叫做了秋燥呤餓臣惡，其中一百多半就是寶畫以下王師之向。今年是太平天國起義一百周年紀念，因此，那我高把金和民寫的已些詩抄寫首出來，以見了向這邱云上，"曾文正云上"他作的日是怎樣了辭平

稻飛上的，藉供學習近代史的參攷。

金和對於滿清軍隊，有一篇歪論，那是主

應說：

一片刀光將星埃，千邨萬落半田灰。軍威
卻有吾民畏，賊連何曾似以來？僑野徒時
行略斷，突營砲震哭聲哀。只應恨遣紅巾
至，魖魖猶能嚇奢回。

最末兩句的意思是說：笑在這話雲喊在平軍未
些事實上說了太平軍老劾爭迸之」，就是這個道
理。遠以吃人的妖魔才能轄封殺嚇得逃走。有
理，因為金和他們是眼見了賊連上了頂身得了
郤郭藩半個左口的。

他逃替了王師仁們寫了四首叫軍歌歡與府仁，

《王春研究文集》编委会

顾　　问：王小兴

主　　任：赵魁元

副 主 任：裴余庆　李锁江

编　　委：（以姓氏笔画为序）

王　宁　　王高明　　王继龙　　田国太

白军社　　李锁江　　邢学军　　宋正轩

张大晋　　张李强　　赵魁元　　赵广峰

窦兵雷　　裴余庆　　燕福斌

序

成葆德

由于王春同志英年早逝,现在许多人不熟悉王春这个名字,更不了解他的生平事迹。但是,他是一个忠诚的共产党人,是一个为革命做出贡献的人,因此人们至今怀念他。这本研究文集,就可以帮助我们了解他革命的一生及其革命精神和高贵品质。

像许多爱国热血青年一样,1937年抗日战争全面爆发后,他加入了牺牲救国同盟会(以下简称牺盟会),投身宣传动员工作,并重新加入了中国共产党。1939年7月,他到长治第五行政专员公署(以下简称专署)编辑《黄河日报》,从此奠定了他终生从事新闻出版工作的基础。1940年,他调入《新华日报》(华北版)任编辑科科长。1942年秋,调入北方局党校调查研究室,兼任《华北文化》总编辑。1943年9月,调到华北新华书店工作,任编辑部主任;1945年6月,任总编辑,并创办《新大众》杂志兼任社长。1948年1月,《新大众》杂志改为《新大众》报;1949年3月,改为《大众日报》。1949年7月,《大众日报》停办,《工人日报》创办,王春出任《工人日报》第一任社长。1950年12月,任工人出版社副社长兼总编辑。他毕生坚定地、始终不渝地宣传马克思列宁主义、毛泽东思想,宣传党的路线、方针和政策,宣传社会主义新文艺。因此人们称颂他是党的新闻出版事业的先驱和领导人,并非过誉之词。

王春短暂的一生,是革命的一生,更是提倡通俗文化、推广大众文学、践行文艺为大众服务理念的一生。在他主编的报纸上,充满了群众喜闻乐见的快板、鼓词、故事;在他出版的书籍中,通俗化的作品占据了主导地位。为此,他和林火、赵树理等人很早就成立了通俗化研究会。他出身农家,深知中国农村,深知农民需要什么样的文化,很早就和赵树理产生了提倡大众文艺的动机。毛泽东同志《在延安文艺座谈会上的讲话》传到太行山后,他把合乎大众化的短篇小说选编成三个集子,广泛发行,纪念文集中的多数文章,都讲到了这一点。赵树理说他全面关心的是大众文化。这是一个知己兼战友的真情和实践,也是同志们的共识。

王春编辑出版发行了多少种书刊,现在已经无法统计了,令人赞许的是,他不但无怨无悔地甘心为他人作嫁衣,而且编辑出版了《毛泽东选集》。出版这样的著作,在当时该付出多么艰苦的努力,该具有多么重要的意义,是今天的人们不可想象的。张磐石先生清晰地回忆了当时的情况:参加这份工作"主要就是我和王春,还有一个叫马适安的同志","具体编辑任务是委托给华北新华书店编辑部的。那里的负责人是王春……他和编辑部的同志一起,做了收集材料、选目、编辑、校勘等许多工作。办公地点就在新华书店编辑部王春的办公室"。这部《毛泽东选集》(晋冀鲁豫中央局版),应该说是他一生编辑出版工作中最闪光的业绩。1947年,他组织编辑出版了《晋冀鲁豫边区文艺创作小丛书》,说是小丛书,实际上收集了解放区的优秀作品170篇,是解放区出版工作的大工程。

王春在华北新华书店总编辑的岗位上不辞辛劳,笔耕不辍,亲自撰写了许多通俗作品。他把大量的时间都用在出版其他同志的作品上,把出版物通俗化、大众化放在首位,把编辑出版为大众喜闻乐见的作品当作神圣的使命,没有动摇过,没有改变过。赵树理和其他一些作家的小说,就是在王春领导的华北新华书店出版的。

说到王春,张磐石说过一句话:"他和赵树理的关系很好。"这很普通的一句话,包含了丰富的人生内容,也应了鲁迅先生的一句话:"人生得一知己足矣,斯世当以同怀视之。"他们不但有同乡之谊、同学之情,而且同时参加牺盟会、加入中国共产党,走上革命道路,倡导为农民大众而写作的文学主张。从阳城到太行山,从太行山到北京,从共同编辑出版《黄河日报》以后,他们就始终在一个战壕里并肩战斗,风雨同舟,患难与共,从来没有分离过。他们志趣相投,肝胆相照,太行山抗日的烽火岁月,成就了他们的革命友谊和战友深情,至今为人们津津乐道,感慨不已。王春去世后,赵树理视其亲属如家人,还给予经济上的资助,在家乡、在文艺界成为美谈。这是纪念文集中最动人的篇章。

王春、赵树理,还有他们那一批作家,他们的名字可能离我们越来越远,但他们的文字、追求永远不会过时。更令我们振奋的是,习近平总书记在文艺座谈会上的讲话,突出强调了文艺要以人民为中心,作家要深入生活,扎根于人民,这就为我们指明了新时代文艺发展的方向和原则。同时,使我们想到了王春、赵树理、林火他们创办的通俗化研究会,想到了他们倡导的通俗文化的创作理念,看到了他们80年前的创作主张在今天的时代价值,使我们坚信,他们孜孜以求、奋力前行的精神,一定会对今天的文学艺术家产生深刻的影响;他们的文学主张,一定会在新时代得到传承并发扬光大,新时代文艺的繁荣一定蕴涵着他们的红色基因。

(作者系中国赵树理研究会顾问,历任晋东南地委委员、宣传部部长,晋城市委常委、宣传部部长,长治市委常委、常务副市长,山西省文化厅厅长)

目 录

王春小传 ……………………………………… 裴余庆　1

第一部分　王春文选

论"外行"（随感） ………………………………… 王　春　3
继续向封建文化夺取阵地 …………………………… 王　春　6
标点与分段（上） …………………………………… 王　春　15
标点与分段（下） …………………………………… 王　春　21
写具体的 ……………………………………………… 季　首　24
怎样认识目前时局 …………………………………… 君　瑜　27
对时局的两种坏事想法 ……………………………… 君　瑜　31
斗争怎样才算彻底 …………………………………… 王　春　35
文章的效果"懂"与"动"（上） …………………… 王　春　39
文章的效果"懂"与"动"（下） …………………… 王　春　44
非让群众翻身不可 …………………………………… 君　瑜　48
再谈群众翻身运动 …………………………………… 君　瑜　53
理必说清　事可活办 ………………………………… 王　春　55
换一个看法想想
　　——新华书店"土改"学习的点滴经验 ………… 王　春　59
谁不给谁留出路 ……………………………………… 王　春　65
掀开"思想防空洞" ………………………………… 王　春　68
赵树理是怎样成为作家的 …………………………… 王　春　74

| 语文四病 | 王　春 | 77 |
| 愚公移山 | 王　春 | 83 |

第二部分　研究文集

回忆王春同志	赵树理	97
我的两个朋友		
——谈话摘录	赵树理	99
王春与赵树理	赵魁元	100
乡村变革的文化权力根基（节选）		
——再读《小二黑结婚》与《李有才板话》	程　凯	112
心中的丰碑		
——追寻王春的家国情怀	李锁江	124
鞠躬尽瘁为人民		
——缅怀我的父亲王春	王小兴	132
太行山的老编辑家王春	华　然	141
献身于出版事业的王春	老　孙	150
从《新大众》杂志到《新大众》报	赵德新	154
《工人日报》创刊前后	冯诗云	173
王春、赵树理书报支前	裴余庆	185
赵树理与王春	田澍中	189
语言学家王春留给我们的财富	宋正轩	195
晋冀鲁豫中央局出版《毛泽东选集》的一些回忆		
——访张磐石	刘金田　吴晓梅	206
晋冀鲁豫中央局版《毛泽东选集》出版始末	奚景鹏	213

王春编辑出版《毛泽东选集》……………………………裴余庆　221

第三部分　悼念文章

王春同志千古……………………………………老　舍　227
悼念王春同志……………………………苗培时　章　容　228
哭我的爸爸………………………………………王小兴　231
王春悼歌…………………………………………王亚平　232
哀悼的话…………………………………………康　濯　233
悼念王春同志……………………………………曹菲亚　234
悼王春同志………………………………………王颉竹　235
回忆王春同志……………………………………王彭寿　236
春蚕到死丝方尽
　　——纪念王春同志诞辰100周年
　………………………………郭国涌　赵德新　常守真　237

王春年谱…………………………………………宋正轩　241

王春小传

裴余庆

王春，中国共产党的优秀党员，新闻出版家、文艺评论家、语言学家，新中国新闻出版事业的创始者和奠基人之一。1907年12月30日出生于山西省阳城县固隆乡东四侯村一个贫苦农民家庭。少时上过村塾和小学，勤学好问，熟读传统文化经典。1923年，以优异的成绩考入山西省立长治第四师范，开始接受五四新文化运动与俄国十月革命的影响。1925年，加入共产主义青年团，开始从事学生运动。1926年秋，加入中国共产党。1925年与入学的赵树理相识，引导其接受五四新文化、新思想，介绍其参加进步活动，并于1927年初与常文郁共同介绍其入党，被赵树理称为"启蒙老师""文字之交"，从此结为风雨同舟、患难与共、终其一生的挚友。1927年春，当选为长治各校学生联合会主席，在党组织的指示下，与常文郁、赵树理等组织领导四师驱逐反动校长姚用中的学生运动，连续起草七篇逐姚宣言，坚持斗争，迫使阎锡山政府下令撤换了校长，取得胜利。1928年4月，山西省委及各地党组织相继遭到破坏，四师党支部书记常文郁被捕，他与赵树理被迫离校，流浪于太行、太岳山中，与党组织失去联系。后回到阳城县，先后任第一高等小学教员、四区联合校长。后开办农民讲习所、农民夜校，从事乡村教育工作。

1937年初，在长治参加牺盟会。1937年7月全面抗战爆发，宋乃德派他到阳城担任二区牺盟会特派员。1937年10月，由县牺盟会特派员要崇德和老红军桂承志介绍重新加入共产党,先后任阳城县抗日民主政府四区、二区区长。1938年后半年,调入晋城中心县委工作,任牺公联委领导成员兼公道团团长。

1939年7月,开始了他从事新闻出版工作的生涯,任《黄河日报》(路东版)主编。1940年5月,调《新华日报》(华北版)任编辑,后任科长,编辑华北新华社和《新华日报》通讯稿及《抗战生活》,支持赵树理创办对敌占区宣传刊物《中国人》周报,编辑出版《抗日三字经》《抗日千字文》等识字读本。早在1933年,他看了赵树理的一些作品,就深切地感受到新文化的普及必须走大众化、通俗化的路子。1941年8月,他与林火、赵树理等人发起成立通俗化研究会,在太行区首倡文艺大众化、通俗化。1942年1月,出席太行区文化界座谈会,与赵树理一起提出向封建文化夺取阵地。1942年秋,调入北方局党校调查研究室,兼任《华北文化》总编辑。1943年9月,华北新华书店与华北《新华日报》分设,任华北新华书店编辑部主任。1944年,将毛泽东所著《论持久战》《新民主主义论》《论新阶段》伪装成《虞初新志》《文史通义》,向敌占区发行。

1945年6月,被北方局宣传部任命为华北新华书店总编辑,并创办通俗性综合杂志《新大众》,兼任社长,坚持为工农兵服务的大众化、通俗化的编辑方向。

在党的七大精神鼓舞下,在毛泽东思想的指引下,王春逐步实现了由新闻出版工作者向党的新闻出版家的转变。1946年4月,他参加晋冀鲁豫边区文联成立大会并被选为常务理事;6月15日,文联大型综合性月刊《北方杂志》创刊,任编委,在创刊号上发表《继续向封建文化夺取阵地》,并在这一年编辑出版了三个合乎文艺大众化的短篇小说集。

1946年7月20日,中共中央发出《以自卫战争粉碎蒋介石的进攻》的党内指示。10月,按照晋冀鲁豫中央局书记邓小平的紧急指示,王春积极组织开展书报支前工作。《新大众》专门开辟拥军专栏,采编前线战士奋勇杀敌的英雄故事和边区干部群众拥军优属的先进事迹。组织书报支前小组,将图书、杂志源源不断地送往前线,极大地鼓舞了前线将士奋勇杀敌的士气,受到晋冀鲁豫野战军的多次褒奖。1947年6月1日,邓小平为《新大众》杂志题词:"宣传毛泽东思想是新大众的责任。"1948年1月7日,《新大众》杂志改为《新大众》报,王春仍兼任社长。

1947年初,晋冀鲁豫边区政府提出精简机关供给制人员,王春争做自力更生、艰苦奋斗的榜样,带头取消了自己妻子的供给,只领自己一人的伙食标准,在家中起灶,挖野菜下饭供全家生活。1947年6月13日,《人民日报》以《新华书店暨建华公司大部分干部家属响应号召,实行生产自给》为题做了报道:"新华书店22位家属,自上级提出生产节约号召后,即努力生产自给,现已获得很大成绩。开始总编辑王春同志的爱人张君莲同志,首先提出从4月份起不领公家补助米,自己全部生产自给。她的模范行动推动了全体家属的生产热情……"

1947年10月,王春接到了晋冀鲁豫中央局部署的一项重要任务——编辑出版《毛泽东选集》。抗战时期,他就认真学习了《新民主主义论》《论持久战》等著作,深刻地认识到毛泽东思想对中国革命的伟大意义。接受任务后,他深感使命重大,立即组织华北新华书店编辑部、经理部、发行部、印刷厂、后勤队,在武安冶陶镇赵庄村进行秘密编辑排印,他自己更是投入了夜以继日、废寝忘食的编校工作。在极为艰难困苦的条件下,历时半年,于1948年3月印刷出版了晋冀鲁豫中央局版《毛泽东选集》。该选集共收入毛泽东1927年3月至1945年8月的著作61篇。经晋冀鲁豫中央局批准出版发行，作为领导干部必读的党内重要文件。中共中央《毛泽东选集》编委会曾在《中共党史研究》撰文指出，建国前各解放区共出过三种《毛泽东选集》，按年代顺序编辑、篇幅最多、内容最丰富、装帧最美的是晋冀鲁豫中央局出版的由王春主编的《毛泽东选集》。

1949年2月3日，随叶剑英进京，任中国人民解放军北平军事管制委员会委员、新闻出版部副部长兼新闻出版处处长，负责接管北平的报社和出版部门。3月15日，《新大众》报迁入北平，改为《大众日报》出版，任大众日报社社长。为适应新形势的需要，中央决定停办《大众日报》，创办《工人日报》，王春出任《工人日报》第一任社长，并兼任全国总工会第六届执行委员会委员、全国总工会编辑出版室副主任。7月15日，《工人日报》正式出版发行，为中华全国总工会机关报，毛泽东亲笔为《工人日报》题写了报头。9月，王春列席中国人民政治协商会议。10月1日，参加开国大典。10月15日，参与组织北京市大众文艺创作研究会，任常务委员。1950年12月，任工人出版社副社长兼总编辑。

中华人民共和国是中国共产党领导的以工农联盟为基础的新型的社会主义国家，《工人日报》在建国初期担负着十分重要的使命，是党的工作重心从农村转向城市而创办的重要报刊之一。新中国百废待兴，土地改革、三反五反、抗美援朝等，中心工作一个接着一个。体弱多病而又身负重任的王春牢记毛泽东"进京赶考"的教导，进京后的三年间，勇于担当，甘于奉献，忘我工作，奋力争先，从无一日懈怠。他几乎每天只休息两三个小时，写社论、看大样，在总编室值夜班，白天还要参加各种会议和外事活动。这期间，为紧密配合国内外斗争形势,他还编著出版了《太平天国的教训》《三反五反评编》《中苏关系史说本》《美国侵华史话》《愚公移山》《故事新讲》等重要时政著作。为推进新中国文化的普及,他还组织编写《工人识字课本》《工会性质讲话》,亲自编写《大众字典》《写作零谈》。他为新中国的新闻出版事业勤奋工作,殚精竭虑,积劳成疾,于1951年12月30日不幸英年早逝。

(作者系中国赵树理研究会常务理事、晋城市赵树理研究会会长,晋城市委宣传部原常务副部长)

第一部分 王春文选

论"外行"（随感）

王　春

　　本来天下事，大抵都有个"专家"与"外行"的分别。即如吃饭，这虽是最平凡的事情，然而却不见得人人都会做饭。因此会做饭的厨师也就成了专家，而光会吃饭的人对于做饭就都是外行。专家是需要专门智能修养的，而外行，则只要会吃现成的饭就行。

　　不过这里却有一个问题：不管专家专长到怎样程度，他做出来的东西，却始终是供给外行人的需要的，犹之饭是厨师做给不会做饭的人来吃一样。因此饭之好坏的评价，应该取决于外行人吃起来赞美不赞美，而不能因为大家不懂得做饭，便认为吃饭的不配来批评饭，或者说他吃饭程度太低，根本不了解饭。自然，饭的种类是不同的，而人的口味也是个别的，似乎不应该因一等人或一地方人的不欢迎而便说那饭根本不好，然而假如真要此等人来当社会的厨师，那要想完成做饭的任务，我看切实考虑吃饭者的需要再来做饭，就还是开饭馆的正当营业之道。

　　做饭如此，旁的事情亦然。如果说到文艺，那更不例外。因为文学家的宏愿，是要为大众服务的。因此文艺作品，也应该如饭一样，成为一切非文学家的外行人的爱好的食物，而不能因为他外行，反说他不配对文学上的问题参与发言。譬如说这篇作品成功不成功，这本剧好不好，我看读者的态度和观众的意见，才是决定的尺标，而还不在于文学家自己认为是否合于什么什么主义的手法。假如文学家自己认为这作品、这艺术已经很好了,已经是生命的或生活的什么什么了,这样论述下来,也许那议论是很渊博而繁多的,然而正当你讲得天花乱坠的时候,读者却给你来个最简单的评语:不好,或者观众来了个最干脆的举动:走了。你若还要说这作品怎样怎样成功,这不真更要使外行人摸不着边际了吗?外行之值得重视,就在于此,虽然他是外行。这里和做饭不同的地方只有一端,就是:饭要做到这样程度,厨师只好被解雇而饭馆只有关门;唯有文艺等等是业余事情,不怕"商场失败",所以尽管你说不好,我还是可以自干我的。

　　目前有的人正是有点以"外行"说人的。假如有人说这首诗不很好,那一定是他不懂;或者他是旧派,是反对诗,是反对新文艺!奉还一切罪名,平心静气,承认了不懂而求解释,那也只会有一套更使人不懂的文学术语来对你大谈。等到你真个一点也不懂了,于是更证明你外行,但不妙的是:同时却也证明了"文学是另外一回事,和外行人不能发生关系"!然而这却又非文学者所肯自己承认的,因为这原来是不正确的。那么,事实的归根结底怎么办呢?无他,只剩下了个文学界的自我欣赏、自我了解,把为大众的文艺关进沙龙里边去,然后空喊一声"为大众服务"。这里失败了的又是厨子,因为他没有光是做饭给自己吃的便当条件;骂饭不好吃的人,又不因为领教了他的一套专家理论而便自认外行,乐于买吃。所以他则关门大吉,而文学则仍旧"成功"。

　　不过也有人说,众人的程度是不齐的,所以读者说不好的作品,不一定就是真的不好,然而这话也不很确。我们所谓"外行",是说的知识程度相差无几而操业不同的那种人,并不是说要不识字的大众来批判文学作品的好坏。如果你关于高尔基的知识只是读过一本《给青年作家的信》,而他也读过,但你因此便写出了歌颂高尔基的诗而他却不敢写,那便算你是专家而他是外行,因而外行的意见就不足以证实作品之优劣吗?我看这是很未必的。因此我切实希望作家或者专家更虚心一点,从戏台下观众的态度来测量自己作品之好坏,而不必在小圈子里满足于自己背熟的几句文学术语,以及什么什么主义的攀扯。

(原载1942年4月25日《华北文艺》第2期)

继续向封建文化夺取阵地

王　春

很久以来，许多文化工作者不肯去管这样一个问题，即老百姓究竟过的什么样的文化生活，也就是说，人民的精神，究竟在什么样的思想文化笼罩之下。自然，概括的了解也是有的，如说被封建文化统治着，然而接触得不具体，感触也就不深切。结果还是群众照旧干群众的，文化运动干文化运动的，不吃劲的根源就在这里。

我们这里，有个在广益书局当过店员的同志，他说人家一印起《幼学琼林》《六壬课》来，起码就是30万册、50万册，而进步书店印起新文化书来，却大都注明1—2000，顶多是再版时候又注明2000—4000。拿这种数目字的对比看起来，就可知道究竟哪种文化是居着泛滥之势，而所谓封建文化之势正还不可忽视。还有，1—2000卖给谁呢？卖给学生。30万册、50万册卖给谁呢？卖给群众！还有，这位同志还常描述这些老板的声口，人家拍着胸脯说："不要看他们什么新文化不新文化，天下还是我的！"看看市场，走了书摊，老板这话确实也不算是过分吹牛，但是许多文化工作者，从组织到个人，却从来对这些事情不去看，以轻蔑带过，以为不值得一提，不屑于齿及。这结果怎样呢？结果是把天下（群众）让给了人家，而却满足于小众已经买去了1—2000。有些人甚至还会有些说的：1—2000的读者虽少，但那要算是文化中坚，质量高，作用大，不能单纯从数量上来看谁占优势。其实这也不然，不过现在不来谈这个。

1942年元月,太行根据地举行过一次文化界座谈会,到者400余人,讨论华北文化建设问题,但在会上所争论的,还是属于文艺界圈子以内的事多。有位作家同志,可说是特别关心人民文化生活的实况的,他为此故意在老百姓家里拿来几本这样的书:不知是什么迷信团体的《太阳经》《老母家书》,写着"洗手开看"的《玉匣记》《选择捷要》,在农村青年手中借来的《秦雪梅吊孝》《洞房归山》,自然还有《麻衣神相》《增删卜易》……《推背图》……一大堆。他说这才是在群众中间占着压倒之势的"华北文化"!其所以是压倒,是因为它深入普遍,无孔不入,俯拾即是,而且其思想久已深入人心。为进一步说明其深入普遍起见,还可以举出那些跟随到会的一些马夫、勤务员的文化活动为例,因为他们一到住地,不是拿出1—2000之类的书来看,而是也向老乡借《五女兴唐传》之类来看,而且很好借,家家都有!这说明什么呢?这说明"天下"确实大部分还是人家的,但我们却一向不干预这些事,甚至以为新文化运动应该不涉及这些"低级"的事情。

毛泽东思想是马克思、列宁主义的理论与中国革命的实践的统一的思想。指导整个中国革命运动的是这思想,指导文化运动的当然也是这思想。而且正是这思想才第一次解决了中国文化运动与中国人民生活相结合的问题,而使得那些什么形式、内容之类的论争都显得一时不关紧要。《反对党八股》这个文件上,引述了这几句俗话:"到什么山上唱什么歌。""看菜吃饭,量体裁衣。"这是平凡的话,但这个可以说正是这种伟大思想的一种注解。既然我们的国家落后,既然我们的民众还过着那样可怜的文化生活,那怎么可以不看呢?怎么可以脱离这种实践呢?毛泽东同志是精通苏联的建设计划的伟大内容的,然而他号召进行的陕北经济、文化建设运动,却是"十一运动"之类!而"十一运动"的内容,又不过是些"每村一个货郎担,每家一个茅坑"等等。这要叫纽约或者伦敦的市长们听起来,不免要笑掉牙齿吧,然而我们过的就是这现实,就只有从这里做起,而且并不怕人笑话就要拿出来。因为这才是实践中国革命的办法,这就伟大。相反,好高骛远的光谈什么苏联伟大的五年计划,而不屑于去注意"一个茅坑",犹之光谈文学上的什么什么主义,而不屑于去调查《玉匣记》《金钱课》等等的流行程度一样,非脱离实际不可。再说,毛泽东同志是精通现代文化所达到的高度的,但是他在1934年1月的一篇讲演中,说到当时革命政府的教育成绩,却举的是些"识字组"多少多少之类数目字;"识字组",多么低级! 这要叫什么外国皇家学会的会员们看起来,又该是多么好笑的了吧,然而《解放日报》特引此写了社论,说"这实在是一个翻天覆地的大变化!"为什么? 就因为应该"知道中国过去几千年在文化上的悲惨状况",应该"对中国人民抱有起码同情心"。现实如此,做法也只有如此,而这确实也就是"翻天覆地"的大事情。毛泽东同志的文化运动方针,就是从这些事实出发的:"如陕甘宁边区,就有100多万文盲、2000个巫神,封建迷信的思想,还在经过文化生活的各方面影响着边区的群众。反对群众脑子里的这个敌人,甚至比反对日本帝国主义还困难!"因此"边区文教会议的任务,无论学生、教育、艺术、报纸那一项,就都要告诉边区150万人,来和自己的封建迷信、文盲、不卫生等旧习惯做斗争"。这就叫作从实际出发,我们的工作方针,也就应该是照着这样做。我们必须切实接受这种思想,切实知道"悲惨状况"悲惨到什么程度,这才会改变不屑于齿及"一个茅坑"或一本《宣讲拾遗》的高贵态度,而把所谓"民族""民间"之争、"长行""短行"之辩推开一点。因为解决中国文化革命的当今之务,在彼而还不在此。

说到箍着群众脑袋的封建文化,大约有这些方面:

作为总的思想指导原则的,是"听天由命,安分守己",是"万事由命不由人",是"报应不爽",是"举头三尺有神灵"。这不但流传在口头,深入于脑子,而且还有书,例如《名贤集》《宣讲拾遗》《太上感应篇》等等就是。这种东西,曾经阻碍过减租运动,阻碍过翻身斗争,甚至阻碍到抗日动员。说这是第一位的,就因为这是一切封建迷信思想的总结晶,而危害之烈,也就以此为最。

第二套大东西,就是阴阳禁忌。这更厉害,因为它是人民日常生活行动的总顾问。有撑此为业的祖传专家,甚至各家都有固定的行艺领地,那一方的阴阳先生和那一方的人民有着一定的聘用关系。它指导的范围真广,首先是择吉,娶媳妇要择吉,埋死人要择吉,修房子要择吉,出行要择吉,乃至打茅坑、盘火炉、挖煤炭、烧石灰(这总名曰动土)……也都要择吉。最后连栽树株、下谷种……也都有吉可择,所以小说上的二孔明就因此吃了亏。这是阴阳先生工作的大宗,这有《选择通书》《选择捷要》为依据。其次是择向,选坟地要讲来龙去脉,哪山哪向;修阳宅也要看哪里有煞,哪里没煞;生小孩得看父母命相,决定在哪个房间里合适;开水道也要看聚财不聚财,冲着了什么煞气没有。这根据的是《地理大全》《罗经透解》,不过这只是举个例,邢台南街有个三间门面的华北书局,而架子上的《阴阳宅》著作就已经充了其栋!阴阳先生又是以"安镇煞气"为业的,这煞无往不在,所以非镇不可。大镇起来是镇宅,铁绳铡刀大闹三天,然后五方五土锭石头,当院安中宫,正中梁挂起七十二道灵符,写下"姜太公在此,诸神退位"。小镇起来是身佩灵符一道,头戴红布一角,枕头底放小包,肘窝下挂布袋,办法繁多,诸煞能破。至于娶亲有煞,所以事前事后都离不开阴阳指导;出殡更有煞,入殓安葬,都有一定的仪注。特别需要镇的还有女人:她们不生孩子请人家镇,生了孩子也请人家镇,坐月不够100天不能进人家院子,结婚不够100天也不能进神的院子,犯了都得请阴阳来镇。镇煞范围之广泛如此。黑夜不敢剪指甲,人神在位!老百姓受的束缚,其细碎不如此。同属于一个体系而或者由另外的专家来做的,则是拆八字、算命、论婚、相面这一宗,这也是个"大团"。相有相书,家数不只一端,拆八字、算命、合婚,以《百中经》为志则流派分歧。但总有一说,就是大都有煞而煞又能破,花点钱则绝命之婚也吉,戴个三角红布袋则晦气之纹不害;女人们没地位,有破绽只敢偷上钱求人家给破;男子汉气派点,便公然请先生到家参详。观于此辈迷信职业家之有吃有喝,就知道这问题之切实严重。由此旁门别出的,还有专讲出行方向的奇门遁甲,还有一味掐诀念咒的祝由科,推而广之,直弄到呼风唤雨,撒豆成兵,最后连黎山老母有移山倒海之能,说起来也半信半疑。这一门——从择吉、择向直到剪纸为人,这可以总名曰"阴阳家者流",书成一库,派分多端,而在理论指导上集其大成功,则是大清皇帝的《钦定协纪辨方书》,可见声势浩大。

第三路厉害东西就是巫神,这又分为两派:一派是驱邪斩鬼的法师,一派是装神作怪的巫神。而其所以厉害,则是因为他们都是当人家害病的时候由着他去把人命当儿戏来玩。无奈人民又是深信他的,这就更显得厉害。他们为什么行得开而人民为什么又相信他呢?这就由于老百姓的迷信观念,由于他们认为神仙鬼怪是真有的。女人们为了求子,可以披头赤脚在神山底下大哭;病人们为了拜药,可以在什么怪石头底下祷告半天;烧苦香的胳膊穿孔提香炉,赤足千里上武当;祈雨的列成队伍,顶住一次游行示威;给槐树修庙,替白蛇唱戏,多神多怪多灵验。这个脑子里的日本帝国主义,就是巫婆、法师的社会基础。有一篇小说,叫作《卫生组长》,详细写了人民信巫神、反医药、嘲弄医生的社会习惯阻力。大家看一下,就知道这方面的群众生活多么悲惨。

第四路是教,是迷信团体。这也分两派:一派是合理政治阴谋的,也可说是带有某种反抗意味的;属于这一方面的,例如红枪会、黑枪会,长毛道、一心道……都是。这是秘密结社的一宗,常被野心家利用来起事,也常被日寇、蒋介石的特务机关利用来祸国。虽说秘密团体也曾参加过多少革命运动,然而其思想根源到底是迷信的、危险的,不是路数。不过关于这方面牵涉太广,且不多谈。至于另一派,则是所谓"纯良"的"善教",不牵涉政治,专宣传迷信。有如八关斋、吃斋会、敬惜字纸的老人等等,他们是"听天由命"思想的大宣传家,是巩固封建统治的说教者,他们的"经典"浩博,"善书"满车,好比《老母家书》之类不下千百种!其在人民精神上危害之烈,实不亚于有形的枪会、拳会。

第五路是卜,这又是骗子集中的大阵地。有神卜,那就是各种泥老爷面前放的签筒;有人卜,那就是摆着摊子卖钱的术师。书籍汗牛充栋,家数千差万别,但绝非可以听其自生自长的东西,因为他实在操着给人民"指引明路"之权!

第六路是"高等"的了,因为他们讲"天文",根据的书叫《东方朔》。他们测未来世界前途,手拿的是《推背图》。要说乡下有人讲得了这些书,那就一如茂源酒店的赵七爷,谁见了也不得不起敬请教。

老百姓也爱艺术,但是人家给他的图书的内容是什么呢?最"正派"的当然是《二十四孝图》,最普遍的则是两张红黑门神,外加门楣上一个判官头,都有"驱邪镇宅"之功。

老百姓也要娱乐,然而说书、唱戏都成了三纲五常、皇图永固的宣传讲话,过去几个铜板一本的小唱本,为青年所爱好、所读、所写,然而那也正是"安分守己"的麻药。要说唯一是好事的,只有音乐,那叫作八音会,可惜又做了迎神赛会的装点品。

老百姓也讲实用,《酬世大观》看不懂,也得买一两本《小不求人》或《万事不求人》来供参考,可是这就又给"广益"之类的书店老板开了财源。前几年山西有种年刊叫作《晋民快览》,这书名漫说做文化运动的不曾听说,恐怕连听说了也不屑上口,然而人家的销路怎么样呢?小学教员人手一编,奉为鸿宝,民间识字的人,差不多都要买来看看。后来出版家竟因此发了财,把编辑部搬到北平,刊名扩大为《北方快览》,编辑部扩大为印刷公司,总名民社,分号设于各省!又来说一遍,广大读者是谁的,不很清楚吗?

所讲老百姓的文化生活的实况,大体就是如此,知道得不多,不再详说,然而应该声明的是这一层:挂一漏万有之,危言耸听绝无。然而这就如此,是一张千经万纬的网,人民就被罩在这个网子底下,罩得久了,人民的错觉发生了,就会以为这是"自己的东西",就拿着不放!说是打这个敌人比打日本帝国主义还困难,其原因就在于此。

然而在现在的老解放区,由于毛泽东思想已经支配了工作,这情形竟然大变了!这又是翻天覆地的大事情!

毛泽东同志关于文化工作的指示,是根据这种实际情况出发的。毛泽东思想教导我们针对着这种现实来想办法,来做工作。几年以来,群众经过了实际生活的教育,经过了翻身运动,经过了时事政治思想教育的努力,经过了文化工作的努力,群众在政治经济上翻了身,在思想文化上也翻了身!这不能不说是最伟大的革命成果。

关于这方面的成就,应该有专门负责的人来做出全面的总结,这个一时还谈不到。现在只就所看到的一些片段情形,详述几件事实以见一般。

在太岳区偶然碰到一个过去相识的"安分守己"的农民,现在是村农会主席。我问他领导群众斗恶霸,根据的是什么道理,是天命还是果报?他说那都是旧思想,现在什么也不是,是这个:"下力地挑起大粪扛起镢,整刨一年还是没有自己的,收租的平睡还嫌不舒服,还要把两脚朝天伸懒腰,但地却都成了他的,这就叫不合理。叫恶霸退地,叫穷人种地,这就是合理。根据的就是这个道理!"这是人民起的思想的变化,这才算是摧垮了"听天由命"观念,拿真理取而代之。

我认识家乡阴阳先生的两大家系,一家姓卫,一家姓马。这都是祖传龙虎山灵符、阴阳两宅精通的名手,然而现在不只群众没人再去找他,连他们自己也变了:姓卫的家族中的一个,成了太岳区的文教工作英雄;姓马的家族中的青年,有的为革命牺牲于蒋阎队伍之手,有的在这里做政府工作。阴阳!好不平凡的概念!老百姓竟然解除了这个束缚,垒牛槽竟敢不再去选吉日,这怎么不是天翻地覆的大事情?

我们有了由巫神转过来的劳动英雄,有了自动上门替人治病的农村医生。签筒不见了,泥老爷也不见了。因为蝗虫可以打绝,所以蝗神庙没香火;因为旱灾真能度过,所以再不见祈雨的行列。人民要参加的是农会、工会,没了枪会、佛会的阵地;要学的是时事政治,所以《推背图》《东方朔》再不上场。在先前,我们也曾给老百姓画过新内容的门画、年画,可是不受欢迎,到了去年,太岳区的青年曾围着我问:"你们为什么不给我们印新画?"家里的《诸神同堂图》撕了,换了毛主席;灶王牌揭了,贴上了农家历。《北方快览》已经让位给《农村应用文》,《名贤集》始被《古话正误》《识字课本》所代替。成就一下说不全面,然而更大的成绩还在于农村戏剧的发展:就目前说来,每一县差不多都有五六十个剧团,多的就在100以上。这更是了不得的运动,这方面的情况正有人在总结研究。

　　这就是今天老解放区群众文化生活的实况。拿今天的情形和过去相比,谁能说不是大变化?简直一个是在愚昧黑暗的深渊里挣扎,一个是在光明自由的天地中生活。人民的思想解放,这是如同打倒日本帝国主义的大任务。完成这任务的唯一办法,就是承认了悲惨的现实,照"十一运动"脚踏实地的办法做起,照毛泽东思想做起,好高骛远确实用不上。

　　胜利以来,地区扩大了,城市接近了,忽视这种实际,低看这些工作的情绪也稍稍恢复了。这不妥当!我们非继续几年的成绩做下去不可。我们的任务,还是和《北方快览》《玉匣记》之类争天下,还是从阴阳先生、巫神、法师手里夺取群众,还是从《秦雪梅吊孝》手里夺取读者阵地,乃至于还得从《四郎探母》的戏台下夺看客。面向提高,一脑子"国际大音乐演奏会"之类的影子幻想晃来晃去,总不是文化革命的当务之急。

（原载1946年6月15日《北方杂志》创刊号）

标点与分段(上)

王 春

有些初学写作的同志,不晓得标点符号的用法,还有些人,不会给文章以恰当的分段。可是标点不对,文章的意思往往会被弄错;分段不清,更容易前拉后扯。可见这些也都是写作上应该熟悉的初步知识,因此我们今天就来谈谈这两个问题。

先说标点:

标和点不同。标是标记、记号的意思,比如我们在人名、地名的旁边画上一杠,这就是标明:这几个字用在这个地方,是只当作一种特殊的人、地名称而使用的,并不管这些字原来的意义是什么。例如我们写个"蒋介石",这就是拿这三个字来指那个独裁、卖国的姓蒋的汉奸。至于这"蒋"字究竟是什么讲法,"介石"又是什么意思,完全用不着管。又如我们写个"邯郸",这就是拿这两个字来代表那个晋冀鲁豫边区的中心城市。至于"邯"字该怎么解释,"郸"字该如何拆讲,也是多余的问题。这种标记的好处,就在于它能够把那些只当作特别名词用的文字标记出来,使我们一看就知道这是个人名、地名或者旁的什么名称,不至于误会。为什么有意思的文句而妄加钻研,以至于弄错。这点很重要,且举几个例说说。

中国古时有一篇顶有名的文章,叫作《离骚》。作这篇文章的人,名叫屈原。因为这篇文章难懂,所以有很多人替它做过注解,第一个做注的人叫作王逸。王逸要给读者解释屈原的"原"字的意义,便注道:"高平曰原。"意思就是说,高而平的地形叫作原。谁知这句话竟被现代有名的大学教授陆侃如、冯沅君夫妇加以误解。他们在合著的研究屈原的书上,竟把这句话抄写成这个样子:"高平曰'原……'"这意思就是说,有个叫高平的人说。你看这差了多远!假如王逸已经用了标点符号的话,那么,看到人家这"高平"两个字和"原"字的旁边并没有书的标,岂不是陆氏夫妻也不至于闹这样笑话了吗?

再举一个例,抗战初期,山西的决死三纵队曾攻克过长子县的石哲镇,可是因为发电报用不上标点符号,这则军事新闻竟被中央社的译电生弄错了。他不晓得"决死三纵队"是个部队番号,也不晓得"石哲"是个地名。弄不清,便自己想象着编造起来,变成下边的样子传播出去:"山西我军奋勇决死敌石哲部队三纵部!"这里,把具体的"决死三纵队"变成了空泛的"山西我军",把"决死"解成"杀死"的意思,把地名"石哲"变成日本的部队番号,把"三纵队"变成敌人的三个纵队。没有标点符号的害处如此!

再说一个吧,今年张家口出版的《北方文化》第2期上,登了这么一条文化消息:"老教育家王振华先生,前上海各界救国会负责人之一,罗青先生和宿彦先生等最近在晋冀鲁豫边区邢台市,积极准备新华大学。"这条消息,错误很多,但为避免拉杂起见,别的暂且不谈,且光来说说"宿彦先生"这四个字的错处吧。"宿彦"不是个人名,"宿彦"是名流学者的意思。我们原来发出去的电报,一定是这样写着:"老教育家王振华先生、前上海各界救国会负责人之一罗青先生等宿彦,最近……"可是也因为我们没法在电报上给他们加上标点符号,他们又不晓得"宿彦"二字是什么意思,于是便误会为一个人名,但既是人名,那"等宿彦"三字便讲不通,于是他们又拿来改作"宿彦等",且为表示一律尊重起见,还给"宿彦"之下加上了"先生"二字。这就是这条消息弄错的原委。

看了上面这些例子,我们就可以知道,不用特别的标记来标明那些特别的名词,其害处是很大的。

就日常文章来说,这些须得标记的特别名词,是并不很多的,它们有个共同的名称,叫作私名。日常碰到的,不外下面五六种:

一、人名,标记是在旁边画一杠,如毛泽东、杜鲁门。

二、地名,标记同上,但有的则画成双杠,如美洲、晋冀鲁豫边区。

三、朝代名,标记与人名同,但有的则画个方框,如唐、宋、元、明。

四、书名,标记是在旁边画条曲线,如论持久战、三民主义。

五、机关、部队、团体、学校等等,如中国共产党、国民政府、第十八集团军、北方大学等等。

六、天文学上的天体名称,如水星、地球、火星等等。

不过还有几点须得说明:第一,私名和非私名的界限并不十分严格。有些名词,在这篇文章上是应加标记的私名,到了那篇文章上,也许就变作不必标记的普通名词了。比如"江""河"二字,这原来是两个私名,应加标记的。"江"是专指长江,"河"是专指黄河。在古书上用到这两个字,一般都是用的这种意义。但到了后来,它们的意义扩大了,便用来指一般的河流,那就是私名变作普通名词了。这些地方,不能死咬。第二,私名固然应加标记,但如果这个私名已为人人所共晓,并没有误会为别的文字之危险,那就不必杠线满纸,以省麻烦。比如写到孙中山、毛泽东、中国、日本、地球、蒋介石等等,这你就完全没有加添标记之必要。又如信封上的收件寄件的人名,地址,文约上的当事人、说合人等的姓名等等,都是用不着画杠的。五四运动时期,都确实有过这么一番杠线满纸的景况。胡适给人写的信,都一定要把开头的"某某先生"和末尾的"胡适上"都加上杠,这就叫作多余。第三,一般是书名用曲线、其他私名用单杠就行。至于上举的那几种标记样子,爱用自然也好,不过有点琐碎,不用也不算错。第四,说了半天,我们出的那些书,甚至于我这篇讲标记的文章,为什么也不按规矩把该标的地方都标出来,以利读者呢？这说来奇怪,却也简单,因为我们受着印刷器材的限制,并不是看不起标点符号之意。

私名标记以外,还有几个另作别用的记号,也讲一讲:

一是括号,这有两种形式:()或——。这东西是在文章中拿来加注解用的。比方我们写这样一句话:"毛泽东(中国共产党中央委员会主席)是中国人民的救星。"

这里括号里的字,就是给"毛泽东"三字加的注解。

也可以这样写法:"毛泽东——中国共产党中央委员会主席——是中国人民的救星。"

从上例可见,()和——是完全相同的,爱用哪一种,各人随便。

二是引号,有双引、单引两种:双引用" ",单引用' '。这个东西的用处比较多。首先是我们引用别人说的话语的时候,要用引号把它括起来,以免混淆。如果我们引了一个人的话,而这个人的话中还有他原来引的旁人的话,那就用得着两层引号了,所以需要单引号而又需要双引号,其原因就在此。此外对于那些名实相反的名词或话语,也须用引号把它括起来,表示我们对它的不承认或讥讽之意。如说到括弧马克思主义者("马克思主义者"),如说到冈村宁次的"扫荡",如说到蒋介石的"剿匪"等等。近年来,引号在这种意义上的使用很广泛,例不胜举。如果把这种意义的引号翻译成文字,大约相当于"所谓"二字。如说民穷才尽就是蒋介石的"伟大政绩",这在从前还没有标点符号的时候,要想特别表明这"伟大政绩"四个字是反面讥讽之意,那就须得加上"所谓"二字,写作"民穷才尽就是蒋介石所谓伟大政绩"。再则,引号又用来代替"伪"字,如在文章中要提到从前的东北伪组织的时候,就加上引号,写作"满洲国"。不过这里有一点应该注意的,就是既然引号和"伪"字的作用相同,那就不能既画上引号又写上"伪"字,如说伪"满"。因为这如同算学上的正负号,一个负号是负,两个负号连着就变成了正,所以把"伪"和引号叠起来用,也有这种变更文字性质为反讽刺的不好之处。另外,引号还用来标示那些特别的语句,如陕西人口中的"冷娃",如榆武人口中的"伢"等等。最后,引号还有一种抗日根据地特有的用法,那就是拿来代替着重点。写文章的人,遇到那几句话或几个字要读者特别注意的时候,常在旁边加上几个黑点,这叫着重点。因为我们在抗战期间,印刷材料困难,连这几个点子觉得不容易加上去,大家才改用引号,把那些重要字句括起来。不过假如以后便利了,还是用边点好。因为引号的用项太多了,容易混淆。

　　三是删补号,也叫方括弧,如[ ]这常是在抄引人家的文章中间才用得着。比如现在有一篇很长的兰封战斗通讯,或者又有几篇什么地方的战斗通讯,我们要把它们综合起来,写一篇表现我军英勇作战的简单论评。这时候要全抄原文,不但太长,而且有大部分材料不是我们的文章所需要;要不抄原文,又怕人家说你无根据乱说,减低了文章的效果;这就用得着这种删补号了。比方他的原文是整个写兰封之战,写过半篇之后,凡说到攻城这类,他就不提兰封,人家也会知道他指的是开封城,所以只说个攻城就行。我们却恰好只要攻城这一段,那么,抄起来就得替它补两个字了,如说:"攻[兰封]城的时候。"

　　又如古书上往往有些因次传抄而多出来的字句的,那我们在引用的时候,也只好照抄原文,而把那些多出的字用方括弧括起来,表示应该删去之意。还有,有时原文印错了,我们非替它改不可,那也用得着方括弧。如它把"他们"印成"他他",我们就得用这样抄法"他他[们]"。方括弧就是这三种用项。

要大规模删节起来,就用删节号……(此号还有时用来表示语气不完或疑惑不定之意,以后再讲)要表示两段文字之间须得隔开一行,就用隔开号。★★★,或干脆就隔开一行,如同作新诗的人所好做的那样,这些大家大概都晓得,不必细表。

临了还有一个比较不好懂的符号,就是转折号——。这个记号,是表示文章忽然换了口气,——以下的语句和上文的像不很连贯似的。比如说:"你应该赔偿我的房子,赔偿我的裤子,还有我的驴、羊毛——说这些干什么呢?总而言之,今天要和你算到底,要你赔偿我的一切损失。"

这里——以下的话语,不是和上文一件一件数下来的口气有些不相连贯吗?转折号的用法就是这样。

再则,这个号还有一种用处,是拿来表示更明显地说一下的意思,相等于古文中的"质言之""亦即",或白话中的"要明显地说""也就是"。比如这样写:"中共主席——中国人民领袖毛泽东。"

这里的——,不是等于"也就是"三个字吗?

——还有时替代总结上文的冒号用,此点以后再说。

以上算是讲标,下次我们再来谈点和分段。

(原载1946年10月15日《新大众》第28期)

标点与分段(下)

王 春

上回谈过标了,今回来讲点和段。

点的种类和用法如下:

一、句号。用在一句完全的话的末尾,不过所谓一句完全的话,是有长有短的。最短的可以一个字算一句,例如你问我个问题,我答道"是",这个"是"字就是一个字算一句。至于长的句子,却可以多到几百个字,这里不举例了。

二、逗号,"逗"是停顿一下的意思,所以把一句话中间应该停顿一下的地方所点的号,叫作逗号。例如说:"敌人从哪里进攻,就叫他死在哪里。"这14个字,其实只是一句话,但念完前7个字非停顿一下不可,所以就在那里点个逗号。

三、夹号、有时我们要把一连串的同类词句用在一句话中间,为避免混淆起见,就须用夹号把它们一一分开。例如说:"德、意、日法西斯主义。"这里的"德、意、日"就是三个同类的词,所以要用夹号把它们隔开。

四、分号;这是点开半句话的符号。因为有些话句,若照文法说来,是已经够一句话了,但照意思说来,却还没有说完全。遇到这种情形,就要用分号。例如说:"蒋介石一方面签订蒋美商约,出卖中国的主权;一方面又调动队伍,进攻解放区。"这里的前19个字,照文说就够一句话了,但我们的意思并未讲完,还得加上后13个字才能完全，所以前半句就得用分号点开。

五、冒号或结号：这个号有两种用处：一种是用来总起下文的，所以叫作冒号。例如说："我的意见如下："。一种是表示总结上文的，所以又叫结号。例如说："太行、太岳、冀南、冀鲁豫：合成一个晋冀鲁豫边区。"这两个例子中的冒号或结号放的地位不同，就是它的两个用法的区别。

六、问号？这是用在疑问口气的话句下边的，用不着多说，但有一点应该注意的地方，就是有些话句，表面上虽像是疑问话，实际却不是。例如说："你应该知道学习有什么好处。"或说："敌人到底有多少兵力，我们得调查清楚。"这些话里虽有"什么""多少"等字样，却并不是问话，都不可用问号。另外问号还有一个用处，就是写成（？）这个样子，表示"这句话虽然不是问话，但我的意思却还有点疑惑不定的意思"。例如说："蒋介石提倡新生活（？）"这里用的（？）号，就是表示对蒋介石所谓新生活，到底是个什么混蛋事情，我们还非常怀疑的意思。

七、惊叹号！这是用在表示吃惊或赞美的话句下边的。有时为了表示吃惊得厉害，则往往并用两个或三个，如！！，！！！。此外，叹号也可写成（！）这个样子来用。这常是引用了别人的话，而吃惊他竟能瞎说到如此程度，所以用（！）给读者表示出来。例如抗战以前我们引用到日本军阀的野心言论的时候，就往往这样写："帝国一定要征服全世界（！）"另外还有把问号和叹号合起来用的，像这个样子（？！）。这也常是引了别人的话而加上这个（？！），表示又惊叹又疑问，实则是讽刺他胡说八道的意思。例如我们对于蒋介石的反共军事狂言，常会写成这个样子："国军一定能于三个月内完全消灭共军（？！）"

关于文章的分段，有两个原则：一个是，每一段必须有一点独立的意思在内。如果还是那点意思，随随便便就另作一段来写，这是不应该的，但如果已经是讲另外的意思了，还不新起一段来写，这也不妥当。所以只要是有独立的意思，一两句也可以成为一段；如果还是那回事，就再长些也不能随便分作几段，这是一。第二是，为了把自己的中心意思突出地表示出来，则往往需要把每段或全篇的几句结论，另作一段来写，以提醒读者的注意。例如我们要作这样一篇文章《论蒋介石的反动行为》，那我们就可以分开几段来写他的反动事实。比方开头讲他的卖国行为，当然会讲得很多。讲过以后，一段已完，我们就可以另起一段，特别显著地写出这么一句："这就是蒋贼反动行为表现在出卖国家主权方面的事实。"以下再从各方面来说，同样也在每一段后面突出地写上这么一个小段。一直到写完了，再在文章的最后，把总的结论也另作一小段写出来，说："这就是蒋介石反动行为的全般表现。"这样做，不但眉眼清楚，而且把自己的意思表现得非常明确。所以虽然大段后面的小段，并没有另外的意思，也是可以成为独立的一段的，这是二。不过这仅是举个例来说明分段的道理，却不是说文章就都该是这样作法，切勿误会。

（原载1947年5月1日《新大众》第37期）

写具体的

季 首

有些话说得太熟了,就把人的耳朵弄麻木了,听起来只是嚷嚷响,再没人会去追求它的意义。就像我现在写的这个题目——《写具体的》——这在读者看来,一定也会说,还不又是什么"具体化、形象化"那一套,大约看了也不会有什么用处。不过可不要这样说,这实在是写作上的一个大问题,万不可一滑滑过去。

什么叫作具体?就是硬邦邦的实在东西。比如你说某村实行了民主,这就是一句不具体的空洞话。因为你光说民主,人家并不能知道他的民主表现在哪里。你必须把一些民主的事实硬对硬地给人家写出来,那时候你就是不说民主,人家也会知道某村确是实行了民主。所谓写具体的,或者说具体化,就是这个意思。

我们写东西最容易犯的一个毛病,就是说空话,而不写具体的东西。在我们收到的近2000件的来稿中,差不多写什么问题的也有,写什么体裁的也有,这当然是好现象,但是主要的一个缺点,就是空话比具体的东西多。比如说拥军吧,拿具体事实表达出人民对八路军的热爱的,固然也有,可是光空空洞洞地把"吃水不忘挖井人"这句话抄来抄去的,究竟还占着多数。这样不好,这如同不下米面,给人家一碗清米汤喝,没有味道,而且不好的是,人民倒是确实在那里爱护军队,只是因为你写得不好,把人家的具体东西变成了清米汤——这更成了我们的罪过。这不过是举一个例,写一切问题都要注意避免这一点。

我们为什么恰恰好犯说空话的毛病呢？这就是因为空话可以想着说、学着说，或者抄着说，而具体的东西，却必须是硬对硬地去调查研究，不能瞎写。避难就易，偷懒取巧，这是人们的通病，也就成了我们写东西的通病。可是这是有害的，空话使人家听着没味，空话不能说明问题。所以我们还是应该下点力，写实在的，这才是正路。

我们的第一个口号是：用具体的东西来说明问题。

我们易犯空话毛病的另一个原因，是我们好单纯地来发抒自己的感情。人到了痛恨一个人的时候，就顾不上细说那些人作了些什么恶，而只是痛骂他一顿"日你娘"完事。比如村上女人骂架是这样，我们好空空地写些"万恶的日寇"，也不过是这样。又如人到了非常赞美一件事的时候，也顾不上仔细说明这件事的好处在哪里，却只是拍手乱叫"好呀！好呀！"这些只叫唤的发抒感情，可是这样发抒出来的东西，就往往是些空话。这些空叫唤能去掉吗？不能——因为这是人们感情的自然表现，谁也扼制不住。你试去叫一个正在大哭大骂的女人停下来，冷静地向你诉说她的冤枉，管保办不到，但是她的冤枉要得明白，她的问题要得解决，这是不能光靠哭骂，这得慢慢来讲具体的东西。这就给我们一个启示：我们写东西的时候，也不能光发抒感情，光喊空话。比如我们不能光说"八路军好呀好！"我们也一定要把具体的好处写出来。比如我们把八路军救人民的事迹写出来，这才能叫旁人跟着我们来叫好。发抒感情，不只为的发泄，还想感动旁人，不具体是不会动人的。相反，小孩子气了光是哭，可是空洞地哭久了，大人不只不会感动，反而会讨厌。

我们的第二个口号：通过具体来发抒感情。

还有一种空话，是简单地宣传自己的主张。比如我们主张民主，这当然是好主张,需要宣传,但是要得叫人家相信民主好,那也只有具体地说出民主的好处在哪里,人家懂下了、同意了,才会跟着我们走。我们都不能光写上一些空洞的快板,比如说"民主好,民主好,实行民主真正好"等等。因为这样实在没有说出什么来,人家怎样去理解呢?从前的小说,都贯穿着因果报应的思想,但人家很少去单纯宣布这个。人家是捏造些具体故事,叫你读了之后,不用人家说话,你自然就会叹道:"因果不爽。"单纯宣布自己的主张硬要人家听的,是笨汉,我们不可做笨汉。

因此我们的第三个口号是:通过具体来说明思想主张。

(原载1946年11月1日《新大众》第10期)

怎样认识目前时局

君 瑜

近来，我们收到一大堆询问目前时局的问题。问题很多、很杂乱，有些还很零碎。当然，人人关心时局，人人有看到的一面。因此各有各的问题，各人都想求得解答。

综合大家共同关切的问题，其实就是这一个问题：太平日子到底过得成过不成？

这个问题的另一个提法，就是：内战到底避免得了避免不了？

还有一种问法，就是：国共关系能不能和平解决？

这一连串问题，确实提得很扼要、很适时。因为这确是目前时局的关键，这点弄不清，啥也把不住方向。

不过，这问题其实是早已解答了的。8月25日，中共中央就这样说："由于日本的投降……和平建设的时期已经来临了！"到了10月12日，政府与中共又共同发表会谈纪要，说："一致认为……和平建国的新阶段已经开始，必须……坚决避免内战。"这就是说，连国民党蒋介石也同意了共产党的和平建设主张了，那过太平日子还会有什么问题？

可是，说得这样清楚，大家为什么还是疑惑不定呢？这就是因为大家的问题并不在此。大家认为：像下边这些事情，是不用说就已经清楚的。比如老百姓巴盼和平，这还用说吗？国际国内的民主人士一致要求和平，这还用说吗？共产党当然代表人民力主和平，这还用说吗？就连政府与中共的会谈纪要也都看过了，这更不用说。大家的问题在这里:尽管我们主张和平建设,但是国民党蒋介石要是不肯放弃他的内战安排,不是还是和平不了吗?尽管他在会谈纪要上满口应承和平,但是他现做的就是进攻解放区的行动,不是他说的话并不算数吗?大家的问题,就在这里。

把问题归结到这里,也是很对的。因为八年战争,就是跟日本打仗;如今日本已经打倒了,不和平还干什么?和平还会有什么问题?和平所以好像还有问题,那除过因为有个国民党蒋介石的反动政策和内战行动,还有什么第二个原因?因此问题的关键正在这里,和平的实现,也就靠这个问题的求得解决。

这个问题解决得了吗?也就是说,是国民党蒋介石的反动政策和内战行动会得到胜利呢?还是共产党代表人民所提出的和平建设方针会得到胜利呢?我们的答复,还是这样:和平建设的方针一定胜利,和平建设的时期一定到来。

可是,光这样说,大家还有疑问。大家提的又有下面这些问题,实现和平、制止内战,我们尽了极大努力了:我们和他谈判,但他说话不算话;我们做了很大的让步,并且已经实践诺言,撤退江南,但他却一步未让,一言未践,并且用80万大军进攻解放区。这不是他始终要破坏和平、始终要发动内战吗?太平日子不是还不能到来吗?

是的,事实确实是如此,我们怎能不担心呢?但是我们还是认为和平建国的方针一定要胜利,和平建设的时期一定要到来。

说到这里,大家一定会觉得我们是在卖囫囵枣,还是没有给解说得清楚。自然,光是这样说,确是还有些笼统。不过,我们觉得,与其替大家再来列举一通我们的胜利保证在哪里在哪里等等,还不如供给大家一个认识时局的方法,也可以说是"对目前时局应有的态度及认识"。如果在这一点上我们一致了,那就会明了这个结论的完全正确了。而且这样做,确比一条一条来列举那些胜利保证对大家的帮助更大。现在我们就来谈这个。

先说我们应有的态度,也跟抗战一样:努力干,就能胜利;坐着看,就会失败。现在是努力干,就能太平;坐着看,就不妥当。努力干,努力争取和平,这就是我们每一个人应有的态度。要是把这样大事当作旁人的事来观望,当作只好听其自然的事,或者只是说些淡话,只等着什么神仙来宣布天下太平,那就糟了。人人为争取和平建设竭尽自己的力量,做好自己的工作,这就是我们胜利的基本保证。大家所以对实现和平还有些疑惑,我觉着基本错误就在这里,就在于不把自己算作争取和平的主角,因而相信我们的力量一定能取胜,而是把自己算作看客,那样做,自然谈不上有什么信心,因此他也就看不出有什么保证了。因为保证就在于他自己加紧努力这一点上,而他却先把这个取消了。

再说我们应有的认识,我们应有的态度既然是努力争取和平,那就是因为还有国民党蒋介石在阻碍和平,有阻碍就得和他们斗争,他是永也不会自动放弃反动政策的。因此现在我们和他进行的一切事情,就都是为和平而斗争。现在是在和反动势力进行斗争,这就是我们应有的认识。我们跟他谈判,这是用理跟他说。比如我们这样问他:"我主张和平、民主、团结,你主张什么?"他能主张什么?他能说他就主张内战、独裁、分裂吗?又比如我们问他:"你不承认解放区是什么理由?"他说什么?他能当面就牙清口白地说我们不该解放国土吗?再则我们还可以问他:"你不实行双十协定,说了不算,这是什么道理?"他怎样回答?他能自己声明他一向说过的话就都不抵数吗?理上说倒他,他也得同意我们的主张,而且还得公布。他没理而又完全蛮不答应的,也可让全国、全世界来批判谁是谁非,而且终究他也还得答应。他说话不算话,自己屙下自己吃,也可让全国、全世界看清他这个真面目,而且最后他也还得实行。总而言之,谈判是向反动势力说理,谈判不是跟好人商量办好事,是跟反动势力商量办好事。因此不要把谈判认为不是斗争,或者以为既然谈判就不需要斗争。我们对他让步,这是用我们真诚伟大的行动跟他的反动行动斗争。我们让出8个解放区,他却用80万大军进攻我们,让全国、全世界来评判这两种行动吧。我们又要自卫,我们一定要叫他明白这一点:我们的胜利果实他是拿不走的。这当然也是斗争。我们要用一切方法为和平而斗争。我们一定要斗到他理全输了而内战也吃不开的时候,他才会歇手,他才会知道反动政策不能取胜,才会知道在中国只能实行共产党的和平建设方针,那时和平也才会到来。只要我们努力工作,完成上级给我们的一切任务,这个时期的到来,是不会太长的。再总括说一句,我们正在用一切方法、一切力量为和平斗争,这就是我们对目前时局应有的认识。

最后,我们还愿意抄《解放日报》的几句话奉告大家:"一般的从战争到和平的过渡,是一个困难复杂的过渡,而在中国今天存在的状况下,更其困难复杂。"既然人家早就给我们指出了是困难复杂的,那又何必迷惑失措;既然这只是过渡时期,又何必目光短浅,忽惊忽喜。

以上就是我们供给大家的一个态度与认识。我们以为抱定这个斗争的态度与明确这些认识,是可以得到和平一定到来的结论,而且也确会得到这个胜利的。不知大家以为如何?至于我们的其他胜利保证的力量问题,因为旁的地方说得多了,大家也许都知道了,这里就不再多谈。

(原载1946年11月15日《新大众》第11期)

对时局的两种坏事想法

君 瑜

把目前千变万化的时局用一句话来说清楚,就是用斗争来争取和平。和平一定要到来,但和平一定得用斗争去争取。

这是我们对目前时局必须有的确定不移的认识。

对于这种认识,自然还有些人把不稳,想不通,不过我们今天且不来谈这个。

今天我们来谈另外两种坏事的想法:一种主要表现在新解放区或边沿区人们的身上,一种则主要表现在老区和一些下级干部的身上。

从我们收到的关于询问目前时局的信件中,可以看出老区和新区的人们,想法确有些不同。他们的要求是一致的,就是大家都渴望和平。但由于他们七八年来过着不同的生活,一家是过着自由快乐的根据地的生活,一家是受着敌伪迫害的敌占区生活。因此他们的和平要求虽然一致,可是要求个什么样子的和平,这就有了区分。

新区的人们是这样说:共产党八路军在华北拼死命打了八年,如果没有共产党八路军,日本人的天下已经坐稳了,还谈什么该谁受降不该谁受降的问题。国民党蒋介石的中央军,七八年来老百姓就不大见过他们的面,连日本人也很少碰见他们。如今人家把日本打败了,他却开过来抢江山,这不是耍不要脸吗?对于这些谁是、谁非,谁有功、谁无功,谁有理、谁没脸的问题,新区的人们也认为这都是无须争辩的问题,是不说就明白的问题。新区人们的问题不在这里。

还有新区的人们认为:共产党八路军来了,放粮放款,救济老百姓,叫人民翻身,叫人民诉苦,叫人民有冤报冤、有仇报仇,和汉奸特务算血账;国民党蒋介石的中央军来了,抢粮派款,抓兵抓夫,奸淫女人,叫汉奸土匪打起蒋介石的旗号更加作践人民。这两方面谁是好的,谁是坏的,这不更是清楚的吗?这不是也用不着说吗?因此新区的人们认为,像这些好坏比较的问题,也是非常明白的问题,是无须费嘴的问题。大家的问题又不在此。

那么,新区人们的问题是什么呢?

原来抗战一打就是八年,人民确是谁也不想再打内战了,新区人们自然更迫切要求和平,但是他们好比是饿极了的人,吃一点粗粮也能顶了饥。因此他们对于要一个什么样子的和平,在目前的要求就有些不敢希望过高。他们甚至有些顾不上去选好坏,只希望能不打仗了就好。更简单点说,他们是有一点希图苟安的心理的。

而这就是我们所要谈的坏事想法之一。

和平当然是好的,和平是我们的要求,但是和平有两种:我们要的是民主自由、有吃有穿的和平,我们不要吃打受骂、饿肚皮哭脸的和平。如果我们就此缴枪,让国民党蒋介石、汉奸、日本人,甚至是美国人来坐中华的江山,那种和平,就是八年以来日本人的治安区的和平。那种和平要它干什么?难道说打仗八年,就为的是求一个这样的和平?如果我们坚决斗争,眼前再努最后一把劲,打退了反动派,实现了真和平,那就是快乐好的和平。我们流血流汗,也就为的是这种和平。苟安是要不得的,而在今天则更要不得,因为今天是个实现幸福和平的最好时机。好机会千年难遇,遇到了切莫放过。所以我们不管眼前费多大的劲,一定要抓紧时机,和有理有功而又行事好的共产党八路军共同努力,把幸福的和平争过来。我们不能慌张到连好坏也不暇择的程度,而但求苟安一时就好。

现在再来谈第二种坏事的想法。

根据地的人们,自然也是渴望和平的,但他们却不是绥靖主义者,他们要求的是有原则的和平,他们不要国民党蒋介石、汉奸、外国人统治下的奴隶和平。在这方面大家并没有多少坏事的想法,但是他们却有另一面的坏事想法,那就是:有些人躲避斗争,想胡好脱弄过这个过渡时期,或者让旁人去,而自己最好是藏到一边。

我们收到一些这样的问题:国民党蒋介石的中央军、汉奸兵还会来不会来?我的家保得住保不住?我村是不是也会变作战场?和平到底能不能实现?过渡时期还有多长?仗还打得多久?自然,也收到些询问更重要的问题的:我们应该怎样努力干,才会得到胜利?

这说明什么呢?这说明:一方面大家对于一切挂中央牌号的东西,切齿痛恨到极点;一方面大家渴望和平的要求,非常迫切。但另一方面,却就也表现出了些坏事想法,就是:把自己当作个为和平而战的主人,因而积极讲求斗争办法的固然很多,然而光希望谁给开一张保证和平的保险条子,以便自己去放心睡觉的;光希望谁给打一张过渡时期的期票,以便坐到一旁等待的,也实在有少数这种人在。这是一点也要不得的。

我们开头就说了:和平一定要到来,但和平一定要经过斗争才能到来,这就是说:不斗争就糟糕。斗争得慢,和平到来得也慢,过渡时期也就要长。离开斗争,莫说和平。空问和平而不打算参加斗争,就不成个问题。蒋介石兵来得了来不了,要看我们堵挡得怎么样;家乡保得住保不住,也看我们保卫得怎么样;仗还得打多久,也要看我们抵抗得怎么样。我们有这个保证:出力就能胜利,我们却没有这种保证:等着也会胜利,更没有这样保证:躲着也会胜利。而且还得特别说明这一点,斗争是大家的事,谁也不能旁观躲闪。

要想暂时躲避一下,胡好脱弄过这个过渡时期,那实际上就是走的拖长痛苦期间的办法,越躲越糟糕。我们抗战八年,什么可怕的场面都经过,我们不怕日本,岂怕蒋介石的中央军、汉奸兵?我们不能落个有头无尾后劲松,要想让人家去努力而自己不去,这更不成。有大家的胜利,家家都得好过;大势不好,人人都会倒霉;"天塌大家死","天变大家寒"。想光顾自己安全而不肯参加集体保卫战,这是傻瓜的头脑。我们不能听凭这种傻脑袋指挥自己,我们一定得丢掉这种坏事想法。

(原载1946年12月15日《新大众》第13期)

斗争怎样才算彻底

王　春

李正云同志转来了一束问题,都是一些青年同志在学习中间提出来的:斗争怎样才算彻底?有的地方斗争过后,没有给地主留下东西的,对不对?

林县第五专署张启铭同志,则提出下边这个问题:有个地主是个老太婆,斗争过后,她很难生活,我们是否应该照顾她?

此外类似的问题还多,我们不再一一列举。

关于这些问题,我们的意见是这样:斗争怎样才算彻底呢?这要从政治和经济两方面来看:必须做到在政治上地主再不能独霸政权,必须让全社会的人都明白,靠封建剥削压迫别人吃饭的人们,并不是人上人,也不是上等人,而且根本就不是什么光荣的人物,是应该遭人看不起的寄生虫,像过去穷人才到公所张了口,或是被地主押进公所叩着头,就被地主喝骂一番,问"你可种得有几个二厘五毫?"像这种情形,斗到它再不能够出现了;像过去地主老爷出来大家都让路,地主的闺女出嫁大家都抬轿——像这种情形,也斗得它再也不能复转了。斗到地主和我们平等,斗到地主拉屎也得到茅坑,而不是就在农民炕上使尿桶。斗到这样程度,就算政治方面的斗争彻底了。但是地主在政治上的厉害,还是从他在经济上的霸占着土地而来的,你不听他开口就骂你"可种得有几个二厘五毫"吗?所以经济方面的彻底斗争,更是主要的。这方面的彻底标准,应该是这样:斗到地主把非法盘剥霸占来的土地一齐退给农民,斗争地主把剥削讹诈来的东西一齐退给农民,斗到他今天在经济上的情况也和我们一样地劳动谋生。我们拾吃糠,他也不能坐着吃面;我们挑担卖砂锅,他也须得担挑点什么顾他的嘴,因为必须做到这样,才合乎公理,否则剥削人的人还过得很舒服,被剥削的人还过得很紧道,这还叫作什么彻底?我们觉着"斗争怎样才算彻底"这个问题,就只能是这样答复。做到这样,大体上就算彻底。

不过,我知道这样说,并不能满足提问题的同志的意思,因为这些同志会这么讲:今天已经不是要地主在政治上和农民讲平等的时候了,而是农民不跟地主讲平等的时候了,也不是地主讲究吃穿得舒服不舒服的时候了,而是地主生活艰难的时候了。像前面所举问题中,问"有的地方没有给地主留下东西对不对?"问"寡妇地主是否需要照顾一下?"就都是这种的思想的透露。对于这种思想,我是这么着来讲。有个外国人,讲过这么一句话:"你要想判断一个人是不是好人,千万不要在他失势的时候来看,要在他得志的时候来看,否则就请你把权力交给他试一试。"对于地主,当他在得志的时候的行为,我们是早已领教够的了,试是再也不想去试一回的了。现在他们的确有点失势,但是这是不是就该着照顾呢?是不是就该着把他剥削来的人家的那些东西,还给他多多留些,叫人家在这样的翻身时期还不用要呢?"他没了东西","他很难生活",这也许是事实,也像是很该同情,但是哪一件算是他的东西?他拿人家的东西舒服了好多年,现在照他们自己常讲的法律,"欠债还钱",这还要问什么对不对吗?他把人家的东西交还给人家,自己落得有点"困难"了,这还有什么稀罕吗?我想这点道理,他们是早就讲得比谁都清楚的了,否则请你回忆一下当他们得志着那时候的世道,就不会生这种疑问。而且问题还并不在此,你去劝说农民同情地主的"没有东西"吧,就去提倡照顾地主的"生活困难"吧,这就叫作走向"把权力再交给他"的道路!可是你不要看他现在哭穷装蒜假善良,这只是因为他正在失势;等他一旦再得了志,看他还同情不同情农民?看他还照顾不照顾群众?我想每一个人都可断定,一定叫小百姓没有活头!这不只有千年百代得志的时候地主的威风可以证明,就是蒋军所到之处的"倒算运动"也现在摆着叫大家去看,所以我觉着问题的要点倒还在这里:与其今天来向群众说什么照顾地主,还不如警告农民小心防备他重新得志!因此我觉着还得彻底地清查,好好地留神。照顾与否的问题,实在还不是紧要的事情。况且还有一说,他们现在到底"可怜"到什么程度,这就还是个大大的疑问。我的家乡,有一家地主被他的六亲厚友们斗翻了,群众并未动手。为什么?因为灾荒年间,他和大家装着一样地吃草根,不肯借给他姊姊一升谷,说是"确实完了",可是这回却刨出他80石麦子都霉烂了,因此他姊姊们恨极了打倒了他。我们在一起工作的一个同志,他的家庭也早就声明穷透了,可是这回也刨出了60石麦子烂成粪了。这就可以说明,过早地相信地主们的生活已经"没了办法",过早地想给群众提意见叫照顾他们,只有碰群众的响钉子,上地主的天大当。因为对于地主的狡猾,农民是比我们清楚得多而且多的。

说到这里,我倒是真想给提这些问题的同志们进一点意见。我们的运动,叫作彻底翻身。这些同志们的提法,却叫作斗争怎样才算彻底。大家是不是看出了这两句话中间所表现的阶级立场,正正相反!一个是站在农民这方面说,注意的是怎样才能叫群众彻底翻身;一个是站在地主那方面说,关心的是你要把地主斗到什么样子才算彻底。为什么同一运动,却会出现这样恰相反对的提法呢?我先来讲个例子看:

从前我们这里有一位同志,和我们一道工作过五六年,一起整风学习过一年多。他是努力工作的,艰苦负责;认真学习的,钻研文件,但是他一直提着这么个问题:你们都说根据地社会不断在进步,为什么我却看着许多事情像是在胡闹呢?你们都说自己在发展,为什么我却觉着自己在消沉呢?后来他想通了说,原来是这么回事:我的家庭和我的阶级联系,就是说我的那些亲戚朋友,都是属于地主那一层的。因为那个阶层在走下坡路,所以我通过我的家庭、我的阶层来看社会,就看不见一点喜幸事,我只看见我的亲戚朋友以及父亲他们都在走倒运,更哪里能看到什么繁荣向上的进步现象!同样,我只看到群众在到处逞威风,把从来"平平稳稳的社会秩序"胡闹坏了,更哪里看到什么工作进步!而眼看的是倒运、是胡闹,那我又哪里能不消沉!哪里能感觉到个人有什么发展呢!最后他说,这就是因为我站的是地主阶级的立场,所以我的一切看法、想法都和大家相反。

我觉着现在提这些问题的同志们,把"彻底翻身",自然而然地就写成了"斗争怎样才算彻底",是和上述那个同志所站的立场没大差别的!可是一个人要是站在那个立场上,那就对于群众运动的问题,是无论如何也难以和我们的意见取得一致的!因此我们的答复,也无论如何难以使这些同志满意。我们的意见是这样:把我们的立场换一换,从同情地主那一面换到同情农民这一面来,从追问"斗争怎样才算彻底"换到"怎样才能叫群众彻底翻身"这一面来。这么换了,不但对看问题会看得更接近真理一些,而且对自己也有好处。因为我们要做新社会的青年,不能去做旧家庭的奴隶;我们要做新时代的主人,不能去做旧社会的渣滓。我们眼看着剥削人的阶级快要倒账了,我们当然不应该抢着找它去认股,去替它分担霉气,去为它哭丧。

(原载1947年5月1日《新大众》第37期)

文章的效果"懂"与"动"（上）

王 春

一篇文章，必须收到两个效果。

先说什么是效果？效果就是动机与结果相一致的意思。比如吃饭的动机是为的叫肚子饱，结果吃了饭以后肚子就果然饱了，这就叫作动机和结果相一致，就叫收到了效果。我们的一切行为，都得讲求效果：为什么要做？做的结果会怎样？不先弄清楚这两个问题，冒冒失失就乱起来，十之八九是非坏事不可的。写文章是一种高度的理性活动行为，如果写起文章来而竟忽略了两个效果，那怎么会写得好呢？

那么，什么是文章的两个效果呢？说起来也很简单：一个是叫人家懂得你说的什么，一个是要叫人家依着你的意思动作起来。再简单些说就是：一个要叫人家懂，一个要叫人家动。更简单些说，就可归结成两个字"懂"与"动"。

我们所说的文章，范围是包括很广的。除了会计写的账本、医生开的药方，再么是公安局造的户口册之类以外，差不多凡是拿文字写出来送给人家去看的，都应该包括在内。所以不管是小说、戏剧、诗歌，不论是议论、叙述、描写，也不管是写信、做报告、记日记、写通讯、做工作总结，一概而论，实实在在都不能不算是写文章。因此我们所说的作文章必须追求的两个效果，就普遍适用于这些东西。

大家切勿认为，以为这大概是专门的文学家才用得着的高深修养,这其实是我们在文化学习上,起码就应该留意到的"日用必需品"。

　　说到文章的效果,首先就要叫人家看得懂,这大概是没人不同意的。不是吗?你写了半天,人家看了,连懂也不懂你说的是什么,这还讲什么呢?问题是在于怎样才能收到"懂"的效果。不过这问题一时谈不周到,只能先提几点意见,供大家参考。

　　第一要不写错字。字这个东西,各有各的意义,好比你不是他,我不是你一样。如果音同字不同乱用起来,你这么写,人家那么讲,除了懂错,还会有什么结果?我们不可过分或是过早相信那些"我就看不起方块汉字"或是"咬文嚼字没啥意思"等等说法。因为方块汉字诚然落后,但现实的问题是:我们还得使用这个东西,一时离它不行。那么,怎好便丢开不学?又怎好不照着它的规矩来用它呢?何况乱写错字,并不是打倒方块字的真正办法。所以听信这种话,不去多认字,实没意思。至于说"咬文嚼字没啥意思",这大约是超过了认字、写文章的学习阶段的人们的说法。因为人家有更重要的工作须做了,合不着在这件事上再多费力气,这当然是对的。而我们的现在问题又是:连写信、做报告都弄不好,那么,你大而无当也去讲这些不切自己情况的话,除了耽误学习,又有什么?举个写错字的例:涉县人讲话,把"也不知道"四字合念成"一报"二字,结果写起剧本、快板来,就也"一报""一报"地写下去。比方有两个人对话,甲问"你知道村长哪里去了?"乙答:"一报!"意思就是说"我也不知道"。但是这叫人家怎么懂呢?所以说我们总得留心认字,不要瞎写。

　　第二要讲究语法。语法就是说话的规则。讲话实在是有着很严密的规则的,比如说"我要上前线"这句话,总不能写成"前线要上我"。有个三岁的小孩子,拿着裤子自己往腿上穿,可是穿不好,于是他喊道:"妈,我穿上不去。"这就是他还不懂语法的表现,因为他应该说"穿不上去"才对,而"穿上不去"就不成话。这并不能光当作笑话谈,从我们的一些来稿中来看,似这样不合语法的话句,实在还非常的多。比如说有这么一句:"关于这个问题的时候。"这句话算是合乎语法吗?不合。因为把"关于""这个问题""时候"这几个字眼,硬垒到一处,实在表现不出一个什么意思来,这就不是一句顶用的话,说了等于不说——其实还不如不说。因为它打乱着正经意思,叫人家跟着你缠夹不清。因此我们一定要揣摩说话的规则,写起来也一定要按着语法写,这才能叫人家看得懂。

第三要会用标点符号。标点符号是传达说话的口气的。同样一句话,口气不同,意思就大变。所以问句一定要点上问号,叹句一定该上叹号。这样做才能连你说话时候的口气也传给人家,不至于发生误会。不懂标点的人,乱点一气,上扯下、下扯上,就不能叫人家看懂。

第四要中心明确。中心就是一篇文章所要讲明的中心意思。一篇好文章,应该像一颗皮球:皮球的内部是有最中心的一点的,所以皮球全体的每一部分,都围绕着这一个中心,面朝着这一个中心。作文章也是这样,把要讲的中心意思明确抓定,其他所有的比喻、引证、说明、议论……一切都要为这个中心服务,一切为中心而存在。尽管一层一层往进推,层层是向中心接近;尽管一面一面照顾到,却面面是脸朝着中心,绝不能忽然脸朝球外往远扯。材料虽多,要对它们进行严格的选择裁剪;心思有,也要实行高度的"精兵简政"。总之,绝不能迁就它们、舍不得它们,离开中心而突出了它们,以致把一颗皮球弄成个七角八凸的四不像,结果叫人家弄不懂你到底谈的什么中心问题。

第五要条理清楚。一篇好文章,又应该像一株枝叶扶疏的竹子。为什么一定要拿竹子来比文章呢?竹子有两个特点:一个是本杆端正,枝叶清爽,有条理、有系统,不只不像一摊乱麻那样搅不清头绪,也不像一"对节木"那样钩扯不开。比方我们要总结春季工作,那么,开头叙到的计划、布置、动员等等,就是竹子的本杆;接下来一一说明春耕、参战等等方面,就是竹子的枝杈;而春耕之中又有互助、代耕、农贷等等,就是竹子的叶子。必须这样条理分明,才能叫人一眼看懂你整个是讲的什么,否则你或是从叶子开头,或是一根枝子一根枝子都说到了,却没有本干做主;或是这一枝和那一枝缠到一块,梳也梳不开,这就休想叫人家懂清。

竹子的另一个特点是风度自然。虽然有条有理,却看着活泼清秀,并不像中药铺的柜子——虽然也格子分明,却甲乙丙丁,死板难看。这也是我们要拿竹子来比文章的一个理由。

第六要前后照应。最粗浅地说,比方你开头说"我的意见有四",结果你却仅说了三点完事;或是你开头说"我想把学习的情况与大家谈谈",结果你却说了许多"学习的重要性"等等,一点也没有说到"情况"。这就叫驴唇不对马嘴,人家就是看懂了,也懂在"偏经"上;你希望人家懂的什么,却没有办到。

第七要确立读者观念——到底是写给谁看的。举个读者观念容易混乱的例子:比方我们要写一篇《老百姓医药常识》的书,书既是写给老百姓的,自然所介绍的治病方法等,都要以老百姓办得来的为限。假如认为症候很复杂,怕他弄错了出危险,或是办法为他所弄不来,这种场合当然要劝他找医生,不可乱来。但是在这里,我们却只需写上一句"此种症候应该找医生"就够了,用不着再多讲。因为找见医生之后,一切治疗方法,就都是医生的事,《老百姓医药常识》上用不着把医生当作读者,去给人家讲话。在这里如果加上这么一句:"可以注射某药几CC",就算多余。因为老百姓看不懂,医生都用不着看。若再加上这么个注解:"CC者,什么什么意思也",这越发是多余,因为老百姓更其看不懂,而懂得注射什么药的医生,真用不着你再给他讲CC之意义。这就谓之读者观念混乱,缠夹麻杂。总而言之,"懂"是文章必须达到的第一个效果,最起码的效果。要做到"懂",虽非难事,也非易事,必须得下点功夫才行。我们所说的这些参考意见,可说都算是些比较具体有用的办法,望学习文化的同志们留意。

(原载1947年6月1日《新大众》第38期)

文章的效果"懂"与"动"（下）

王　春

　　文章一定要写得能动人，才算写了文章。这用季米特洛夫的话来说，就是："要你写东西做演说的时候，无论如何总要注意，使每个普通工人都能懂得，都能相信你的号召，都决心跟着你走。""都能懂得"，就是前边说过的"懂"的问题。"都相信你""都决心跟着你走"，就是"动"的问题。假如你讲了半天、写了半天，人家都不相信，都不跟着你走，那你还写它干什么？

　　元朝的时候，山西陵川有个大古文家，名叫郝经，关于这个问题，讲得最透彻。他用这样意思的话说，怎样才算是好文章：把自己的心思写出来，还能叫读者跟着你的心思行动，这就叫作好文章。所以写一首快乐的歌词，必须叫读者能够跟着你欢笑合唱，并且手舞足蹈。写一篇训诫的告示，必须叫读者能够肃然注意，并且切实遵守纪律。读了你写的祭文都跟着你下泪。看了你写的出师誓言，都跟着你怒发冲冠，决心和敌人拼命。假如说，歌颂不能叫人高兴，训诫不能叫人遵命，祭文不能叫人哭，出师讲话不能叫人怒，那就用不着写了。

　　这一段话，是非常重要的。这应该是我们在写作学习上的修养目标，也是检查我们写得好不好的准确尺度。

　　把文章分起类来，大体不外议论、叙述、抒情三种。像政治上的宣言、报纸上的社论等等，都是说明自己的主张，拿道理说服读者，用真理正义打击敌人，为的叫读者跟着我们一致行动起来的，这都是议论文。又如一般的通讯、小说等,则是以叙述具体的事情为主,为的叫我们跟着好的事情学,不跟着坏的事情干,这就是叙述文。另外,像颂扬什么人物事情的诗句、追悼革命烈士的祭词,或是像天水岭人民在诉苦会上的哀歌,都能叫我们跟着他们哭、跟着他们怒,把他们的感情变成我们自己的感情,叫我们的行动如同他们自己的行动,这些就叫作抒情文。看来文章虽多,但总归不出这三类。

议论文章,要怎样才能做到叫人家相信你、跟着你走呢?这在从前人有一句话到现在还适用的,叫作文理密察。分开来讲:"文",就是文章的结构;"理",是你所主张的道理;"密",是周密而没有漏洞;"察"是透彻而绝不含糊。合起来讲,就是:一篇好的议论文,必须做到文字的结构、道理的说明,都周密严紧、透彻明白、毫无漏洞而且绝不含糊。这方面的模范文章,最好的是《解放日报》的社论。我们随便拿起一篇《解放日报》社论来看,假如他主张什么事情的要点有五,那就是不得多、不得少,恰恰只有那么五点是重要的,并不像我们写什么东西时候的态度,不加仔细研究,就随便说是应该注意几点几点云云,而实则多些、少些连自己也不很重视。又如他要反驳蒋介石的那些谬论,他也必定把蒋逆所能搜索到的似是而非的所谓"理由",逐一替他说出,给他扫荡无余,叫它必然没有再张口狡辩的余地,这就叫作文理密察理的密察,是在道理上给他个铜墙铁壁的工事,叫他看着垂头,不敢逼近;给他个透彻见底的清水池塘,叫他鬼脸毕现,没法躲藏。文的密察,是不写一个无关紧要的字,不说一句不切本题的话,前后照应,面面凑一,合成一个完满的整体。

不过要把议论文章写好,还有两点是重要的,那就是须得拿出战斗的革命姿态与清楚的理智头脑。这用一句俗话说明白,就是:我们的文章,要它写出来能够表现"理直气壮"。如果不下功夫把道理先讲真,议论中间就要暴露出思路混乱的弱点,人家永不会抓住你的主张要点,因为连你也不知道自己的要点何在。如果没有战斗的态度,那就是对在今天写议论文章的目的认识不足,写出来必然不痛不痒,平平庸庸,语不惊人,人家谁也不来理你。这两层,看来像是在写文章问题之外的,然而正是基本的,否则就叫作光扯些技术上的问题,结果还是永也写不好,永也不能叫人家跟着咱走。

叙述文字,怎样才能动人呢?最扼要的办法就是写得具体。这和议论文有点相反的地方,就是:议论文要一层一层地来讲道理,而叙述文则切忌多发空论,最好是一直说事实。研究文学的人,好分析作品的主题。什么是主题?就是一篇小说之类的中心意思。比如有《李有才板话》这篇小说,它的主题就在于说明,进步的群众怎样打倒最狡猾的地主。但是主题尽管是这样,你却不能在小说中间把你这个主题拿出来,像写社论一样,给读者大大议论一番,那样做必然失败。因为这是叙述文,叙述文的特点就在于,叫人从你所讲的具体事实中看出真理、接受真理,跟着你行动。你如果丢开事实,大发议论,人家就不看了。为的是你的议论,未必抵得上社论讲得那么好,而你的故事被你这种议论一搅,却弄得散乱乏味,一点也收不到把抽象道理具体化的效果。我们平常学习写东西,最容易犯的毛病也就是这点,因此这点值得我们特别注意。

抒情文要得动人,只有一个要点,就是要写出真情。情就是感情。古人说情有七种,叫作喜、怒、哀、乐、爱、恶、欲。但不管是哪一种,总得自己真正有了这种情,表现出来才会感动人。假如说并不哀而假装哭,那只是滑稽,人家不但不跟你哭,还要笑,或者并没有病而硬叫苦,就叫作无病呻吟,只能惹人厌烦。我们平时最好是少写抒情文章,因为感情这种东西,是最难用言语表现的。父母死了,哭了一场是比较容易的,但要完全写出你的伤心之情来,就不容易。这和发议论不一样,和叙事实也不一样,写作技术用不上许多讲道理、叙事实等等,又都并不是要点所在。例如我们不能靠拿理论给人家证明父母之丧是应该哭的,因而人家就跟着你哭了,也不能把你在悲哀之际的一团混乱心情给人家叙述出来,用以取得人家的同情。这只能是直接的感情流露,但这就是最难写,所以我们不要多写空洞的乱歌颂、乱叫唤的文章。关于"动"的问题,我们就谈到这里为止。

(原载1947年8月1日《新大众》第40期)

非让群众翻身不可

君 瑜

近来我们收到许多关于群众运动中的问题。有好些问题,都是谈的具体事件,我们因不了解当时、当地、当事人的具体情况,很难答复,但也想尽可能地给大家提供一些参考意见。唯有一个问题是较特殊的,现在就先从这个问题说起。

邢台师范的一位读者同志,反映这么个疑问:好好的平静的农村,你们为什么要搞群众运动,弄得大家都不得安然呢?

这个问题,确是个大问题。因为它不像别的问题,只是问群众运动中那件事该怎么办。它是对群众运动的本身,根本就发生怀疑,认为该不该搞群众运动,还得考虑。这点确是非先弄清楚不可!

该不该搞群众运动呢?非搞不可!而且搞得没劲了不行,搞得不彻底也不行!这为什么呢?为的叫群众翻身。

读者同志的疑问,是说:农村本来是平平静静的、好好的,而群众运动却破坏了好好的平静,弄得大家不得安然。我们就从这里说起:农村是不是平静的呢?我们说有些是的,但这是因为群众受着压迫,不敢说话,忍气吞声,泪往肚里流。所以从表面看来,农村好像有点平静。大家是不是安然的呢?我们说这倒不见得,但如果丢开群众的凄惶不安,光看地主恶霸的生活享受,那就也可以说人家过的是安然日子,就可惜这种安然只是几个少数人的,大家从来享不到。这就把问题弄清楚了!农村的平静,是压着人不叫说话,不敢说话的平静,不是真平静。安然,也只是不几家好主的安然,不是大家的安然,而且正因为大家忍饥含泪不得安然,才有那几家好主的安然。这么看来,群众要那种平静干什么?要那种安然干什么?

再多说几句,把一大群人压到石板底下,叫唤也不让他们叫唤,敢叫唤就再压重些。在这种情形下面,大家不敢叫了,咬牙忍痛把石板顶到头上,那时候你从石板上走过,自然感觉平静无事。可是石板底下那些人呢?他们感觉平静不平静?他们想不想翻身?该不该翻身?

又比方农民眼看现在就快收麦子了,到打场的时候,地主拿着口袋当场盘租子,一袋一袋往车上驮上放。农民男妇老小看着,肚里难过不难过?安然不安然?过年的时候,债逼得藏到野地哭,不敢回家,难过不难过?安然不安然?想翻身不想?该翻身不该?

必须眼睛去看这些事实,才能体会到群众的难过,才肯赞成群众运动,帮助群众翻身,否则他就只会看见农村是平静的,地主恶霸是安然的,就要怀疑群众运动,反对群众翻身。给我们反映问题的同志,我们不能说他一定就是地主老爷的儿子,所以他看不到群众的痛苦,但至少他也可能是没有接近过群众的青年学生,所以只知赞美"平静"和"安然",但他却不知道这种"安然""平静"底下盖着什么东西。再不然的话,如果他自己还是贫苦农民的儿子,只因自己在城中住着念书,回家时候少,回去又被娇养着看不见贫苦农民的日子困难,因而便忘记了父母哥嫂受的什么罪,却恨人家让搞群众运动,那就更是罪过了!从前的儿童书报上,画的一头大水牛,被人打着在犁地;又画着一双小牛犊,活泼跳跃地跟着在后面吃草;老牛受不了辛苦,时时蹬蹄撩角反抗主人,小牛却讨厌他为什么对这种平平静静的生活还不满意!如果有的青年同志真是贫苦出身,而也不赞成群众翻身的话,就请想想这幅画的意思。

因此我们说,非让群众翻身不可!一定要叫群众把头上的"平静"石板揭开,一定要允许群众都能过安然日子。

此外,我们再来答复一些具体问题。

榆社三区李寿元问:地主在民国十八年(1929)夺了地,今天群众要他包赔损失,该不该从民国十八年算起?答:地主仗凭自己厉害,硬夺走佃户的地,这就是安心不叫佃户再吃饭了,安心叫佃户饿死,所以这种地主是最没良心的。现在群众要翻身,先要叫他把地拿出来,再让佃户去种,好叫当佃户的也活在这个世界上。至于包赔损失该从何年算起,就看群众的意见怎么样。他当初不顾人家的死活,现在为什么人家不该找他包赔损失呢?凡事要先把理说清,他办得不合理,群众找他算账是合理的,这点一定先要大家取得一致认识。理说清了,再让他少赔一些也没什么。就怕是不先把理说清,光想含糊了事,或者去法令上找些简便条文,这就不是领导群众运动的恰当思想。

又问:清理债务,见《减租减息疑问解答》上说是不限年限。那么,是不是民国元年(1912)及大清年间的债务也该清理?答:老财放账滚利,滚走地、滚走房、滚走女人,滚走债户一辈子的劳动力!所以今天群众翻身,非和他清算不可!照着《减租减息疑问解答》做就好了。

又问:长工是不是还要加资?答:长工加资,却有个一定限度,就是要照顾到债主,还有利可图,雇得起,还肯雇,太加得多了的话,人家不合账,也不雇了,不是不好办了吗?

又问:退租应从何年算起?《减租减息疑问解答》上说,应从(民国)二十九年10月25日颁布减租减息法令后退起,是否适当?可不可以从（民国）二十六年退起？新区和老区是否适用同一办法？答：退租是因为租过高，地主吃得太胖，佃户饿得不行，所以非叫他退出一点来不可。这又是该问题的根本道理，先得弄清，否则净在法令条文上打圈子，那就永远发动不起群众来。至于《减租减息问答》上说该从（民国）二十九年10月25日退起，那是叫地主尊重法令的意思，他们过去身在根据地，却藐视政府法令顽抗不执行，所以指出法令颁布日期，叫他执行补过。怕是佃户如果吃亏太大，他剥削太多，那群众为什么不可以跟他彻底算账，刨刨自己的穷根，也究究他的富根呢？一定要在条文找根据，限制地主只能算到哪一天哪一天，再多就不许说了。这是限制群众，不是发动群众，新区更不问，（民国）二十九年颁布法令他也不知道，现在规定从（民国）二十六年退起也没来由，最好是由群众解决，先把理说清。多退点少退点看着具体情形来办。他真低了头，开明了，群众说他好，不要他退了，难道别人不依？或者他自知理亏，情愿多退几年，难道别人反对？总而言之，这都是些思想道理上的问题，光想靠什么条文规定来做工作，图简单省事，就弄不成。

黎城五十亩村王桑问，佃户从前借了债主的钱，因上不起利，被债主把地管业了，而且把借约换成了死契，也税□□（所□红契）。现在群众找他清算，有的要抽地，有的要他退还以往利超过不合本金以上的利钱。但是有的有证据，有的找不到证据，这都该怎么办？答：有证据的清算一下就行了，没证据的就靠调查、靠群众，绝不会全村群众都不知道有这回借钱管业的事，而那个债户就敢乱来。

襄垣六区郭子问：有个做经济工作的青年，他父亲在世时是个狡猾的地主，剥削成家。现在群众和他清算，除把他父亲剥削来的财产退还群众外，按实算的结果，他还该欠群众许多东西，大家要他打了欠条。他也知道群众不一定还跟他要，因为他没钱，但他总觉着头上压着这种担子，今后要是努力劳动生产，有了办法了，群众也许就要欠账来了。为此生产情绪很低，这该怎么办？答：从这件事上大家就可以体会到群众过去的痛苦了。这个青年知道头上压着欠条就提不起生产情绪，那么，大家就不知道中国全体雇佃贫农头上都压着欠条，都提不起生产情绪吗？而且群众对他很好，可以念顾他没钱，就不打算跟他要，可是世上再去哪里找到像群众这么好的债主呢？他父亲当时是不是会念到群众没钱不打算要了呢？再则，他现在欠群众的东西，是实算的结果，并不是胡算，论理就是该退还群众的，何况还打着欠条呢。我们必须先把这些道理讲清楚，不只会在今天来做地主、债主同情者，觉得他们有些应付不了，也要能做几千年来受压迫群众的同情者，知道他们祖宗以来就不会有过一天受得了。道理讲清了，具体解决倒不应该有什么大困难，群众应该不照他们地主老财过去对付我们的办法做，我们应该宽大些，可以不让他打欠条，甚至还可以叫他少退一点东西，留一些叫他们生活，况且这个青年还在做公务，也应该照顾一下。

（原载1947年7月1日《新大众》第21期）

再谈群众翻身运动

君 瑜

有个读者来信问:共产党主张民主、自由、党派合法,但为什么共产党在国民党地区办的有报纸,国民党却没有到解放区来办报呢?

共产党主张和平,但为什么国民党区没有群众斗争,而解放区却到处发动群众斗争呢?斗争与和平不是有点矛盾吗?

关于第一个问题,答复很简单,解放区没有国民党办的报纸,是因为国民党没有来办。国民党区有共产党办的报纸,是因为共产党去办了。若再要追问为什么共产党去办而国民党不来办呢?那就只有这样一种解释:共产党凭的是讲真理、说实话,所以理直气壮地拿着真理实话到国民党区去讲,而国民党只善于造谣言、打官腔。大约他们自己也估计到这一套到解放区来吃不开,所以他宁可派特务、打黑枪,却不肯正正当当来出版他的报纸,否则他为什么不来呢?

关于第二个问题,却得多说几句。

我们为什么叫作解放区呢?解放,就是说人民原来是被敌伪捆绑着,嘴不得张,身手不得动弹,好比钉上手杻脚镣下在监牢里一样。共产党八路军民主政府的任务,就是打开监牢籍碎杻铐,把人民解放开来,叫大家敢说话能动弹。这就叫解放,所以我们就叫解放区。

国民党为什么把它占领的一些地方叫作接收区呢?接收,就是原盘接管的意思,国民党既不替人民开监牢,又不替人民打杻铐,只是从敌伪手中把监牢枢铐的看管权代收过来,由它自己代替敌伪照旧把守监门,让老百姓还永远坐监带枷。这就叫作接收,所以也叫作接收区。

因为我们是解放,解放出来的人就要说话,就要动弹,就要和汉奸恶霸算账,就要进行减租减息活动——总而言之一句话,就要翻身,所以他们就说这不平静、不和平。

因为它们是接收,接收过来以后,人民还在监牢里,嘴还被堵着,手脚还捆着,不能说、不准动,所以他们就说这是平静、是和平。

问题的本质,就是这样而已。

我们这里的情形,大约大家都很熟悉了。那么,就看一些国民党区的"平静"情形吧,它不但不替人民开监牢,它又给人民加上几重的牢墙。比如它实行警管区制,叫每家老百姓都归一批警察特务管束,好比大家共同养活一个活老爷一样。它要军粮,把江西的粮食处长逼死(老百姓逼死多少万就可想而知了)。广东潮汕区域,每天要饿死2000多人。贵州救济署长请它干脆发300万口棺材好装饿死的老百姓。这就是国民党区的情形。照国民党的说法,这就叫作平静,就叫作没有群众斗争。但是这好吗?这算是"和平了"吗?我们就是要的这种"和平"吗?这么着,"和平"固然不和斗争相矛盾了,但是不又和"活命"起了矛盾吗?所以请大家比照一下,发动群众究竟有什么好处,不发动群众究竟落什么结果,并且问题也可以不讲自明:为什么国民党区没有群众翻身运动——在监牢里带枷的人怎么翻?为什么解放区到处是群众运动——出了牢的人为什么不回头去狠打这座牢?

(原载1947年7月15日《新大众》第22期)

理必说清　事可活办

王　春

我们又收到一些群众翻身运动中的问题,例如新华书店发行科同志们,在学习中是这样来问:有的地方,在斗争中把地主扫地出门,对不对?

井陉公安局杜智祥同志则问:应该不应该给被斗争户留些产业?

太行第五专署张启铭同志问的是:地主年老,又没有儿子,是给他留些生活资料呢,还是让他要饭?

此外,林县县政府刘前锋同志问:斗争对象家里有人在抗战,是否应在斗争时给他留些财产?

太行独立二旅政治部李毅同志是问:斗争对象参了军,其家属是否应和其他军属一律优待?

所有这些问题,我们把它分为两类:一类是关于照顾一般地主生活的问题,一类是对抗属地主的优待问题,我们现在分开来谈。

关于前一个问题,大约在有些人看来,是一种非常放心不下,而且很难于大胆说出自己的意见来的问题。因为主张给他留东西吧,生怕别人说自己右倾,因而说话不敢坚决,只能吞吞吐吐,或者嘴硬心软,也说不去管他,任凭群众对他怎么办吧,但又真看到这些人当下办法不多,而且觉着社会上一时有了这么几个装穷蒜的家伙,就好像是已经违背了我们的建设民生幸福的新社会的基本纲领似的,心上老大的想不通。其实平心静气地想一下,这却也非常简单而易于答复。我们的意见是这样：照道理讲，扫地出门就对。他要饭，就是他不想要饭而去饿死，也没有什么不对。但是群众又是非常之憨厚，非常之宽大的，只要把道理讲清了，连地主他也承认是该扫、该饿的了，然后群众一本宽厚为怀的精神，再送给他些东西，叫他生活，叫他生产，哪怕是一直再帮他劳动发家，这都没有什么不可以。

  为什么说得这么简单呢？我可以引一个村农会主任的话，把这点道理解剖得清清楚楚。

  太岳区有个姓毕的村农会主任，和一个地主的弟弟在澡堂里扯起来，我是旁听者。主任问："你大哥近来的生活情形怎样？"那个人的弟弟说："很困难，也不高兴，你们给留的东西太少。"主任说："他果然是这样态度，我就得发动群众，把那些东西还一齐收回来。"接着主任就给他讲起道理来："你知道人到世上，吃的穿的都是靠劳动生产出来的不知道？你大哥活了这么50多年，除了吃我们生产下的现成米面，他给这世界上添过一颗谷、一条线没有？但是他却挑着吃、拣着穿，并且还欺压了我们50年，就是我们现在把他名下的财产彻底拿干，哪怕再加上个掘地三尺，我们也还是不够大。因为被他吃了、穿了的那么一大笔，实在没地方去讨，好比你们地主所说，账放到了石板上，本利全无。就是他现在当下不吃了、不穿了，爬下死了，也还不能说是还清了我们的账。但是我们宽大，我们不像你们地主那样刻薄，也不和你们一般见识，我们算是让他白吃了，并且还给他留下东西，叫他照样吃下去。你看这怎么样？可是他还不满意，还大有意见！这种人看来是最不识好、最没良心的家伙。所以说还是把东西收回来，叫他自便的对。"

  我们也把这些话提供给提问题的同志们，你看他说得怎么样？所以我们在上边也就是这样答复：论理，完全该扫、该饿。这个理非说真不可。理说真了，他们也没有意见了。那么，留不留，照顾不照顾，留多留少，群众眼睛雪亮，自会处理适宜。他现在装穷，不好好干活，这并不足以妨碍我们新民主主义经济的发展，而且本来的道理就是正要从他手把土地拿回来，经济才能得到发展。斗争他，就是为的经济发展。他们现在其实还没有一个人真肯去试试讨饭是怎样讨的，但即使有那么一个两个故意出怪相的家伙，这也无碍于我们的广大人民得到幸福生活的新社会的观瞻。好多年来他吃咱讨饭，大家一点也不嫌丑看，现在出下那么一半个假叫花子，大家就很觉着丑看吗？问题实实在在就在于他们承认真理不承认，照着真理做不做；他肯服理，他肯走理，他向真理低头。那么，前边说过几遍了，群众是会对他宽宏大量照顾一番的。

  第二个问题，也有一个姓杨的区长同志的话可做解答。有个抗属地主，在群众运动中要区长优待。杨区长说："可以。"但是区长又请他回忆一下他们的旧社会的情形，区长说："优待是该的，而且一定要优待，但是你记得旧社会村公所断官司的情形吧：你当村长，判决一案人犯都该罚100元，因为他们都犯了你们的法律，可是有个人特别给你送了礼、磕了头，承认连上自己孩子老婆再给你白劳动大半年，拿这些条件求你优待，于是你对他也真正优待了一番了：旁人罚100元，罚他80元，或是旁人打500板，打他300板。这谁能说你没有真正优待了他？就是他本人连上他一家，也是长期对你感恩不尽的呀！今天我们也打算尽量想一些似乎这样说得过去的办法，对你进行优待。你是抗属，你的子女是我们的同志，抗战有功，哪怕说连你也有功，但你是地主，你的生活和旁的地主一样是靠剥削别人来过的，或者你还带些恶霸的味道，你和别的恶霸同样压迫群众。这，群众就是怎样优待，也不能优待到叫群众不要从你手下翻起身来呀，但我们还是尽量优待，我们尽量做到对你和对旁人不同。比方你本该彻底拿出东西来赔偿群众，我们硬不那样做，我们尽量给你多留；你害过人，人家要你还血债，我们也硬不叫你太吃亏。总而言之，我们必须不淹没你的功劳，我们要把你和那些光有罪恶没有功劳的人们分开，你看怎么样？这和你当村长时候的办法相比又怎么样？"

我们也还是把这些话提供给提问题的同志们，你看怎么样？优待是我们的不变政策，谁敢说抗属不该优待呢？可是也不能含糊真理，还是得把理说真，理说真了，和他们地主当权时代对人的优待办法也比较过了，讲得通通顺顺了，那么，抗属地主们才会知道我们对他的优待实在够多了，甚至是有些过多了。否则怎么样？你问他：当他做村长的时候，他好不好把他们所谓的同案人罪，随便放掉几个，一文不罚、一下不打呢？或者说叫他还来上头，群众还在底下呢？

至于斗争对象钻缝子，参加军队的问题，越发不成个什么疑难问题，干脆打发他回去见群众的面解决问题就是。我们并不发愁兵源缺乏，不要他。我们是清白的人民解放军，根本就不是斗争对象的藏身洞。

（原载1947年8月1日《新大众》第40期）

换一个看法想想

——新华书店"土改"学习的点滴经验

王 春

一、结合工作，结合群运

新华书店的"土改"学习，最先是被工作的需要鞭策起来的。本来一般的机关工作者，尤其是文化工作者，最容易脱离现实，不管群众在干什么，我只伏案做我的事，外事不闻，但因为书店的通联科及《新大众》的编辑部，自从去年土地改革运动一开始，即不断收到读者上千封的来信，这些信有许多是假借一些问题攻击"土改"本身的，真心诚意质疑问难的很少。然而无论如何，有人来问，总得给人家以答复。在很长一个时期中，个别负责同志曾经被这种工作需要所推动，学习到一些道理。到了后来，"挖内货"来了，"割尾巴"也来了，于是诘问"土改"的信件更多了。今年有几个月，编辑部、通联科和读者的关系几乎就形成以讨论"土改"中的问题为唯一中心的现象。这时候，工作的需要更压到头上来了，一般同志都感到非好好学习不可了。就由于这种学习与工作自自然然结合得很紧密的关系，所以在若干锻炼比较久的同志中间，能够早一些警悟到这是一个阶级立场问题，从而首先清查了自己的思想，获得比较明确的认识。这对后来开展"土改"学习，是有很大关系的。

赵树理同志则特别注重驻村群众运动，在他的组织推动之下，书店王春同志等几个人和他共同成立了一个驻村工作组,从群众运动中的小组酝酿直到大会斗争,无不全过程地参加。后来更号召全体同志参加,替群众发现"防空"的麦子,帮群众维持会场秩序,给群众讲道理撑腰,回来座谈感想,比论道理。这一层对于在学习中举实例、比立场、启发思想、转化情绪等,都起了很大的作用,使得许多空谈"我对革命无意见"及死钻"我的家族无剥削"等等的人,都自己感觉到有了考虑的余地。

以上说明我们机关文化工作者,要想把"土改"学习进行得好,是非得设法把工作、学习、生活都与群运结合起来不可的,否则拿我们来说,光写书,不管事,学这个、做那个,看斗争等于赶庙会,学起来还是空谈一通或者空辩一通,那必然会一无所成。

二、区别成份,找出重点

书店人员的成份,大体上可以分为三类:一类是几个锻炼较久的同志,这,我们组织了一个学习委员会,是在学习中起领导作用的;一类是几个混进来的斗争对象,这,我们一开头就让群众要回去了;最多的一批人,则是联中等学校出身的青年学生。这一批人在思想上有一个共同的特点,就是:他们大部出身于地主富农,至少也是富裕中农的家庭。他们一方面想进步,想当革命青年;一方面又牵连着家庭,拉不开腿。我们认定了我们机关成份这个特点,所以把参加学习人员的重点放到这一批人身上,以真正帮助这些同志摆脱泥潭,走上进步为主,而不平均使用力量,弄得很多人谈过一个谈一个,半个月还轮不完,而真正急着想解决问题的人却被冷落着。

三、先查立场,后学经验

我们从分析读者来信中、从解答本店同志所反映的一些问题中,知道这里边包含着一个总问题——阶级立场不同的问题,并非头疼医头、脚疼医脚式的逐一解释或具体回答所能奏效。同样,假使立场问题不解决,就是说假使对土地改革本身赞成不赞成的问题不解决,那是对于谈工作经验、学工作方法,也是一切都说不上的。因此我们一开始就没有按照规定的文件进行学习。我们把工作分为两个阶段:第一阶段先查阶级立场,第二阶段才来进行工作经验等等的学习。这里我们还做了一些提示要点的工作,因为正面提出说谁站的是非无产阶级立场,那是没有人会接受的,差不多每个人都会自称为革命立场最稳,而是旁人错了。因此我们是不要人声明立场,主要是每个人都发表对"土改"的意见,或是提出自己的疑问。因为所谓立场,是必然具体表现在这些意见、疑问及其提法上边的,一点也伪装不来。另外,我们从种种情况中,知道所有对"土改"的意见,不外三类:一是对地主阶级该斗争不该斗争的问题,二是斗争好像就没个完的问题,三是斗争方式太粗暴的问题。因此我们在第一阶段也针对此种情况,提出三个要点,要大家详细来谈:一是"你觉着整个地主阶级或是个别地主例如你的家庭等该斗不该斗?"二是"你觉着现在能不能算是斗争已经彻底了?"三是"你一向以为革命是干什么的,而且照你的意见革命应该怎样干法?"根据这三点,要大家详细来谈,然后再从谈出的东西中间分别谁站的是什么立场,使得连他自己也只能吃惊,却无从否认。这样,对以后的进一步转变立场的学习,才有着落。我们的经验证明这样做是好的,这比一开头就来读文件、谈经验,弄得心思和书本上不对头,要好一些。

四、充分民主,大胆暴露

上述三个要点提出后,我们号召大胆说话。任何怀疑、任何不满,对任何政策法令、任何做法、任何人,一直到对党的攻击,都可以讲。由于我们充分表现了民主气氛,充分表现了真正的从思想上、政治上爱护青年同志的热忱,大家差不多都说出了心里蕴藏已久的话。譬如一个同志是这么讲:我一向以为革命是对世界人进行温柔爱抚的教育的,然而自从"土改"以来,使我看到的听到的都是肉搏,都是生死线上的斗争,看到血,也看到了死。这使我对革命简直失望了!简直没法子睡个安心觉,总觉着我们创造的世界怎么还有这种现象!又一个同志说:简直糟得很!就能让粗野的农民想干什么就干什么吗?想怎么干就怎么干吗?这怎么登得大雅之堂?这批人、这套做法,如何进得大城市?如何向更大的局面推广的?一句话,我们像山大王,没点儒雅雍容的味道。又譬如一个同志便拿出了他自己"土改"以来的一部秘密日记,那是一本最真诚的心情自白,是一本想定计叫家庭逃脱斗争的谋略书,是攻击党、攻击群众的咒骂集。此外一大批同志,则都尽量来降低自己家庭的成份,一直说根本不该斗,或是斗得太过火,甚至有的同志说:地主过去自自然然就是那么过日子,根本谈不上做过什么罪恶;今天想照顾群众,就请人家让出一点东西好了,何必要硬说是有罪,而且要硬斗!诸如此类,可以说这一次这些人把对"土改"的所有意见,暴露得差不多。

经过这样暴露后,我们才来一下提出清查立场的问题。我们提出对革命应有的基本认识来,提出我们的阶级基础就靠的是这些山大王的"山做法"来,提出群众对他们所想那些问题的看法来。总之,提出站在革命的立场上,对那些完全相同的问题完全不同的另外一种说法来。这一下,大家都吃惊了、愣住了,只有老老实实承认自己站的是地主阶级或什么其他阶级的立场,请大家帮助改造,再没有一个人得以混充他从来是正确的,自欺欺人。用比喻来说,好像搬来一院子家私,镜头一拍,原形毕现,一点也不得遁逃化装,而同时则由于民主热忱,不只没有吓回尾巴,还使各个人感到对自己的收获不小。

五、着重思想,附带其他

上述这批人,不用说都是替地主当防空洞的,不过就他们来说,思想上的防空洞远大于具体的掩护人、掩护物资的防空洞。因此我们又把学习的重点放到改造思想、改造立场上。我们认为只要思想问题解决了,具体问题是不难迎刃而解的。因此我们又进行过一次动员,特别指明思想立场的问题,对他们竟然是生死关头的问题!或者是新社会的革命青年,或者是旧家庭的哭丧孝子;或者随着新时代前进,或是跟着旧阶级死去;或明天,或昨天;或是革命的主人翁,或是被斗的丧家犬。总而言之,谁过不了这一关,谁就完蛋。这是历史的必然,并用不着归咎于说不仁慈。这点也起了很大作用,就在上述那位同志的日记中,当他记到最近几星期的时候,也是这样说了:"危险!危险!不转变不成!"而另一方面,一些藏有地主物资的同志,却已在自动报告,并用不着花很大力气。我们觉着除了有斗争对象味道的人物根本就该送走,由群众向他清算外,一般都应该把学习重点放到思想上来的。我们不可把复杂细致的思想改造工作,用简单粗率的追究财宝等事情来代替。

六、换一个看法想想

  我们在第一阶段的最后，提出这样个学习方法，叫作换一个看法想想。因为一切问题，换一个阶级立场来看，就会完全不同的。现在这一阶段还没有完，这里只把已经可说是取到的一些成绩，举点例子讲讲。有一个同志，在暴露思想阶段，是这样讲："我家虽然是地主，但从来都是参加劳动的。""我家从来没有做过恶霸的事情。""我的家乡一解放，我就回去动员他们开明。"可是到了这一阶段，他换了个看法，说法就改变了："我从小在家，大人叫我上地，说'你就不干活，难道不能顶双眼！'可见我们家人的劳动，只是顶眼来监视雇工偷懒的。""我家曾经打禀帖把一个农民送死监里，可见也是恶霸一流。""我家才解放就回去劝他们开明，实际是打算趁群运还没有起来的时候，钻个空子，草草勾掉这笔账，逃脱斗争。"另外一个同志，在暴露阶段是这么讲："我们所受的惩罚，超过所做的罪恶。""我的父亲并没有那么坏。"可是这时候他也能站在革命的立场上真心诚意地讲了："我家是方圆三四十里内外的统治者。""鹿钟麟来到后，我父亲是组织国民党活动的主要人物之一。我父亲还是村里两个会门的领导者。我父亲组织维持，不见得就是被动的。我的伯、叔枪毙后，我父亲还给群众拿出一包毒药来，而我父亲现在还活着。"诸如此类等等。因此我们认为这种提示大家换一个看法想想的办法，是比较有用的。我们这种工作还在继续做，如果我们能由此完全把大家的看法换过来了，思想立场问题解决了，我们就打算转入第二阶段的工作经验方法等等的学习。

（原载1947年8月30日《人民日报》）

谁不给谁留出路

王 春

许多读者来信问：我们是不是应该给地主留点出路？比如说地主的土地被分配了，浮财和地底下埋的元宝也挖掘出来了，那么，这叫他靠什么生活？又比如说地主的好房子也叫翻身群众住了，这叫他到哪里安身？地主的仓库也叫农民算走了，这叫他吃什么？莫非叫他讨饭吗？诸如此类。我们为了节省篇幅，所以不一一列举原信，仅在这里总括答复一下。

我们的答复，其实也很干脆：要是说给他留下还没做地主的出路，那是绝对没有的。假如那个地区经过土地改革运动以后，他们还有找到做地主的出路的可能，那就叫作斗争不彻底，非再搞不可；假如他们还梦想着时来运转再做几天地主，那就叫作变天思想，非追击到底不可。所以务请他们清醒一下，出路有无、出路好坏，这当然是一个问题，但地主的出路却是绝对没有的，最好死心为上。这是第一要弄明确的。

其次我们来看一下我们是否给他们留有出路。我们说群众对他们实在是足够宽大了，给他们留下了宽广的出路：说到住，群众给他们调剂的有房子；说到吃，他们大部分还在肥吃浪喝，表示他对"世道"不满，好过一天算一天；说到生活前途，群众主张他们从此做个劳动者，忔弹着过。一句话，群众给他们留下了和大家一样的宽广的劳动发家道路，而问题却是他们现在还有点不大愿意走。

大约光这么泛常地说,提问题的同志是不会满意的。我们最好是把他们从前给群众会不会留出路的情形,拿来对照一下,对此事的看法才易正确。

赵树理同志的小说《福贵》,大概有许多人是读过了的,那么,他们给福贵留的出路在哪里?他们有没有给福贵留的有房子、有土地、有生产发家的道路,像我们今天对待地主那个样子呢?太行山剧团从前演过一本戏,叫作《九死一生》,那上边的一个穷雇汉,因为被陵川县国民党书记的狗咬烂了腿,发气打了一棒子。后来狗死了,人家就弄了他个扫地出门,还给狗披麻戴孝跪坟陵!那么,他们给这位雇汉留的出路又在哪里?我的家乡有位徐先生,自己地里的葡萄爬在邻家地里的桑树上,那个邻家嫌桑树难摘,拉了一下人家的葡萄蔓,就叫人家捆打了200,罚他买橡埋柱,在自己地内给人家修好几座葡萄架,还立下文书,要保证今后葡萄树上不丢掉一片叶子!那么,徐先生给这些穷邻居留的出路又在哪里?像这种例子是举不胜举,而且也完全用不着举的,只要大家追忆一下几年前的现实,或者打听一下新解放区的人民,再没有就是随便看些今天的文艺、通讯,这种情形,就足足可以恍然在目。而总归一句,前有地主阶级的那个发财秘诀说得最透彻,他们说"不杀穷人不富",连古时候的阳货也说"为富不仁矣"!这就是地主过去对农民的出路问题所给的事实答复,而农民则饿死爹娘妻子,侥幸逃得性命的、远走他乡外县的,还是给老财的狗咬烂了腿而不敢再哼一声。

而我们今天对待他们怎么样呢?我们有没有干脆不给他房子住的情形?有没有断绝他的活路,像他们对待福贵那种情形?我们所见到的,只是他们还在发牢骚骂人,生产怠工,甚至阴谋作怪,打黑枪造反,却很少见他们像过去被讹干了的农民,辛辛苦苦再来找寻万一的生路的。大家看到我们麻木到什么程度！右倾就到什么程度！而还要担心于地主之没出路，我一直觉着这是怪事。

　　大约这种问题，都是些思想问题。当一个人思想上同情地主的时候，自然处处替地主打算，替地主担忧，甚至怀疑到政策法令与群众运动的本身，但如果另外换个思想上同情农民的人，那他就处处看到的是农民几世几辈的苦难，看到地主千般万般的凶恶，从而关心于农民的翻身程度而不会用心思去替地主安排计划。所以我们对于这类问题，也很难做出数目字式或百分比式的具体答复。因为那不但是不可能的，而且是不解决问题的。那样做，对于思想上并没有转过来的人，只能使他更加依据这些法令条文之类去限制群众，去替地主壮胆，并无解决疑问之实效。我们只能劝这些同志们平心一想，平心把地主对待农民的历史和农民今天对待地主的容忍对照一下，把地主给农民的那些"出路"和我们给地主的真正出路对照一下，想一想假如今天被斗过的地主，他们老老实实去从事生产，去下劲劳动，有谁挡着他的出路？

（原载1947年9月1日《新大众》第41期）

掀开"思想防空洞"

王 春

学习土地问题以来,知道还有一段封建尾巴插在我们家里——在我们的许多部队、机关、团体、学校及一切公营工商事业部门里。这是怪现象,这是极端矛盾的笑话。我们领导革命,怎么又让地主阶级把我们当作防空洞?我们号召割掉尾巴,怎么又让封建尾巴藏在我们自己脊背后?革命组织的政治方向必须统一,思想阵线必须健康。此洞必须掘,此尾巴必须割。

尾巴首先藏在一些人们的头脑里。这表现为两类思想,而又可区别为五种言论。

我们这里有几个反省较好的同志,率直说出他们站的是地主立场。因为他们的言论,不外下列三种:

一是替地主阶级找理由,替他们辩护、开脱。譬如他们是这么说:"地主剥削人是事实,但这在那个时代是合法的。人家不过做了点合法的事情,今天却当作罪恶来清算,岂非不应该?"他们都从没想到群众会这么说:"今天斗争地主也是合法的,我们不过做了点合法的事情,那为什么你偏要有些意见呢?"至于就是在哪个时候,有哪一个农民曾经承认过地主的剥削"合法"?这他们更不去想了。又譬如他们说,这个地主抗日,那个地主行善,他们却从不说地主是吃着租子抗日,而农民却是又替他们生产租子又比他多抗了十倍的日。他们也不说行善的地主正像劫了你十几万元现金再发给你五块钱路费的"好强盗"一样,而农民却正做了那个被劫的旅客。又譬如他们总在替一个一个地主降低家庭成份,说这个只能算经营地主,那个只能算富农乃至富裕中农,却从不见他们说这一批雇农还没有安住家,那一群贫农还没有吃饱饭。武安赵庄过立秋节的时候,合作社特为杀了一口猪,打算叫翻身的群众吃上一顿好饭。这也引起他们的观感来了,说过去的地主今天连半斤肉也不敢买了,可见值得同情,但是还有一大批号称翻身之后却连四两也没有能够买得起,他们竟并未大吃一惊。总而言之,他们是会替地主阶级找理由的,无论是从整个地主阶级来说,无论是就哪一个具体的地主来说,他们总都能说出一大堆辩诉词,充分证明是不该斗争的。他们思想劳神,论证费力,面向地主,目无农民。要真让他们彻底大胆讲论的话,那就最好是根本取消群众翻身运动。

　　二是向政策法令找条文,充分想替地主阶级运动用合法斗争的手段。他们曾经搬出过一九三几年的什么条例,曾经翻查过一九四几年的什么章则,还有哪一年的什么什么议案,哪一次的什么什么决定。他们还能把那些条例决定上头有利于地主的词句记得烂熟,讲得精透,但他们就从不会看到哪一条、哪一项有些关照农民不够的地方,认为值得修正。他们总想找到这么几条,把农民限制住,把地主保障住,把运动的潮水一闸插死,从此没事。

　　三是找寻工作的缺点。他们洗了眼睛耳朵在收集群众运动中的毛病,收集到了,作为攻击的资料,假装着用怀疑的口吻作为问题提出来。有人说明了这不是毛病,他大为泄气;有人同意了说这就是毛病,他大肆宣传;真要是被他抓住了什么毛病,那就公然幸灾乐祸一番,说"怎么样?你们那些区村干部也有的贪污吧!你们那些基本群众也有人浪费斗争果实吧!"总之,他们是攻击群众的专门家,是搬弄缺点的杂货商。他们对于群众运动的成绩，一字不提，因为在他们看起来，我们所谓成绩，就是他们所谓的更大的"伤心之事"。他们和诚心诚意研究改进工作缺点的人完全不能混为一谈。他们并且误以为我们会因为他们的这些叫唤、讥笑而一旦放弃群众运动不干，或者大大地照他们的意思计划纠正一番。

以上是一类。这一类别无美丽名称可说，只能照他们自己在反省中承认了的，站的是地主的立场，唤它做地主思想，而这思想是和革命不相容的。让这种思想藏在我们家里，藏在我们的一些人的头脑里，这不妥。不管是对于革命的利益来说，对于这些同志的进步来说，这段尾巴都需要割。把这些思想革除出去，革命队伍的思想才能纯洁，革命组织的战斗力才能加强。他们要是一直坚持着这种思想，是不肯和我们一道去向封建势力作战的。

第二类另是一种味道，他们自称为站的"中间人士"的立场，又区别为两种言论：

一种是说我们的群众运动的方式太"不文明"，太"粗"，太不足以登大雅之堂。譬如说打人，甚至于打死人，他们是"好心好意"拥护革命的人，就是怕"影响不好"，怕"中间人士"嫌弃咱粗野，怕吓跑了"开明士绅"，但是他们却从不怕群众离开了咱，从不怕咱真要"文明"起来，群众也会嫌弃咱太文明，弄得粗手笨脚的担粪桶们追随不上。他们只看见"文明"是重要的，"文明人"嫌弃起咱来是可怕的，却从看不见群众是占多数的，群众丢下了咱是越发可怕的。照他们说来，那咱最好也是实行什么"训政"之类，等到把"粗人"训"文明"了再干，或者是根本就不用干。因为一起干起来，"粗人"总只能使用"粗法"，还是免不了他们要叫唤"糟得很"。至于这"粗暴"与那"文明"的真正对比程度到底是怎样等问题，在他们更是想也不去想的了。

一种是一些超阶级的想凭空实现"全人类幸福天堂"的梦幻家。他们说他们之所以追随革命,是因为革命是提倡自由、博爱、平等的,是因为革命是建设和平、民主、幸福的新社会的。总而言之,是因为革命是"美"的,是"叫人愉快"的,是没有"不舒服"的现象的。然而今天却不是这样,到处追究地主,到处找封建尾巴,而且越来越深越广,"好像根本就没有个完";到处有血肉的搏战,有痛苦、有审判,也有死亡。于是他们好像古时的伯夷、叔齐两圣贤一样:"稚弱的心灵"受不住了,批评我们是"以暴易暴",叫他感到"没法逃开这斗争的人世"。他们的具体主张是革命以"革平"为止,而现在则"太过";革命以"劝说"为主,而现在则"太硬"。这一般说来叫作人道主义或怜悯观点,而实实在在却正也是地主阶级的客观上的同盟军,是群众运动的大阻力。关于清算这种思想,一时是不能说得很多的。为此,我们特别翻印了瞿秋白同志译的《解放了的董吉诃德》这本书。在那本书上,那位比这些同志更是"慈悲正义的化身"的董吉诃德,结果是根据他的"慈悲正义"参加了反革命的越狱阴谋,做了破坏革命的"慈悲事业"!那位真正改造过了的革命知识分子巴拉塔萨,由于一个软心,被董吉诃德的"慈悲正义"所感动,结果替革命造下了无穷罪孽,多死了几十万人。这本书印出后,希望每个同志赶紧看一下,把那种所谓"人道主义""怜悯观点"等等,切实估价一番!倒还不是估价他们的"慈悲正义"值多少,而是须得估计这一套东西会"慈悲"掉多少"粗人"的性命,会"正义"掉多少革命的事业。

但是不管怎么说,以上这同类型异派别的两种论调,总归都也是担任着封建尾巴的防空洞的任务的,这也须赶快澄清。我们不能一直让这些同志们老嫌"糟得很",也不能等这些"好心人","慈悲"出什么可怕的"成绩"来再说。

除开思想上这些暗洞和尾巴,就是具体的在做掩藏斗争对象和掩护地主物资的工作。这他们大概也分着几个步骤:

第一步是设法抢救整个地主阶级。上述"理论"种种就都是为此,然而这不行,因为群众并未因这些唧唧哼哼或是大声疾呼而歇手不干。

于是第二步便设法抢救自己的家庭。抢救,我们其实也并不反对,只要这些同志们挟取是革命的改造旧家庭为新家庭的道路,然而他们不是,他们从来也不想这么做。他们只是事到临头才想法逃脱,想因他的计策而使他为地主家庭在整个地主阶级该塌台的时候巍然独存,或是独免于经过群众的粗拳笨脚之手,而轻易传个"开明"之名,还做被尊重的人物。不过这也大体都没有用上,群众安于"粗笨",竟不去接受那些巧妙方案。

于是第三步便是设法把那些斗争过的人搬到机关里来。名之曰家属,还要叫照顾。这在我们这里已成了现实问题,然而这恰恰又是绝对不行的。我们根本就不是斗争对象的收容所,这还不提。要紧的是群众替整个地主阶级有规定好了的出路,没有规定好的,我们还可以帮群众去规定,我们却断断不能在群众路线以外,另外给某个地主找寻一种群众不同的什么生活方法,甚至是生活得比旁人都舒服。

并行不悖的还有第四步,那就是倒腾点东西,偷漏些金银财宝,暗暗卷包,挂住自己的腿,死也再不想前进一步。

对于以上这些具体事情,自然也都得具体处理。不过临了我们还得说明一点:我们是在进行土地问题的学习,这就是说,凡是我们参加学习的这批人,基本上都算是不反对土地改革的。所以我们谈了半天的刨洞、割尾巴的话,也是用对自家人的态度来说的,而所侧重的,则是改造这些同志们的思想。思想改造了,行动改变了,转换了立场,送走了家眷和财宝,就是没问题的同志,学习就算成功。我们并不想简简单单革除几个人出去,断绝那一个同志的上进之路。至于那些本人就是罪恶的斗争对象的家伙们,连这些说的一切都谈不上,就让他去好了,与此文所谈无干。

(原载1947年9月1日《新大众》第41期)

赵树理是怎样成为作家的

王 春

赵树理同志的作品大家爱读,因此大家也都想知道赵树理同志的经历和生活。这一二年来,介绍赵树理生平的文章出现过好多篇,但可惜都是依据了一些传闻和想象,不合事实的地方非常多。比如有人说赵树理是吹鼓手出身,有人说是混过戏班子的,还有其他等等。其实这些都是谣传。

赵树理是山西沁水县人。他的家庭,并不是吹鼓手,而是一个贫农家庭。这个家庭和他生长的农村环境,给赵树理同志带来了三件宝,保证他一辈子使用不尽。头一宝是他懂得农民的痛苦。他家原先种着十来亩地,但地上都带着笼头,就是说指地举债,到期本利不齐,债主就要拿地管业。从有他到抗战开始的30年间,他的家和他自己是一直呻吟在高利债主的重压下的。被债主扫地出门的威胁,他经过;不得已几乎卖掉妹妹的惨痛,他经过;大腊月天躲避债主的风寒,他受过。总而言之,他是穷人,他是穷人的儿子,他真正知道农民的艰难是什么味道。懂得农民,自然也就是懂得地主,懂得农民的经济生活,知道农村各阶层的日子都是怎样过着的。第二宝是他熟悉农村各方面的知识、习惯、人情等等。他的父亲除了种田,还以编簸箕、治外科、诌扯奇门遁甲等为副业。《小二黑结婚》上的二孔明,在迷信与强调弄钱这两点上,就是取的他父亲的影子。但不管怎样说,这位聪明的父亲,确是精通农村知识的,从有用的缠木杈、安镰把,到迷信的掐八字、择出行,无不知晓,无不告诉给他。赵树理自己上村学,放过牛驴,担过炭,拾过粪,跟着人家当社头祈过雨,参与过婚丧大事,走过亲戚拜过年。总之,是他在农村实顶实活了那么大,再加上他父亲遗给的那些知识,他就算得是真正熟悉农村了。第三宝是他通晓农民的艺术,特别是关于音乐戏剧这一方面的。他参加农民的八音会,锣鼓笙笛没一样弄不响;他接近唱戏的,戏台上的乐器件件可以顶一手;他听了说书,就能自己说;看了把戏,就能自己耍。他能一个人打动鼓钹锣镲四样乐器,而且舌头打梆子,口带胡琴还不误唱。有多少次群众大会,碰上了他这种表演,使得人民情绪高扬到十分。他的这三件宝:极度高涨的农民求解放的义愤、非常丰富的农村生活的知识、熟悉与爱好农民艺术的热忱,就是他后来创造作品的不尽源泉。

赵树理也不是混旧戏班子出身,他其实连一天旧戏班也没有真正混过,他是学生出身,山西省立长治第四师范毕业。他是新文艺的爱好者,写过新诗、新小说,着实努力学习过欧化。但是从学校出来以后,他的创作思想变化了,他说要使文艺为群众接受,非通俗化不可。转变过程是这个样子的,1926年上半年,卷在大革命浪潮里的山西青年学生,还在唱打倒军阀的歌。不说就明白,山西的军阀当然就是阎锡山,应该打倒。可是不久变了,阎锡山竟自称为革命军的第三个总司令,再也不是军阀了,反回头便大捉反革命的共产党。赵树理不得不跑,跑来跑去,第二年终于被捕了,受审、坐牢。出来以后,还是东奔西走,有时就靠写一点小文章维持生活。在这几年中,他一面和文艺青年来往,一面和农村老百姓接触。他从这两方面的文化生活的对比上,看出了新文艺还是停留在少数知识分子中间,而广大人民呢,和新文艺一点不发生关系,还被制造愚昧的封建迷信、武侠、淫荡等等读物笼罩着。许多文艺工作者不屑去理他们,他们也攀不着文艺的门槛。他于是开始提倡给农民写东西,提倡通俗化,可是没人响应他,也没人指导他。直到抗战以后,在共产党的培养下,他的作品才算是找到了出路,有了出版机会,送到了群众手里。

赵树理同志的作品大家都在看,不去讲了。他同时又是多才多艺的,能写字下棋,还会画几笔山水画,也能刻图章,爱好工艺小创造,还能耍把戏、讲笑话,只要他一在场,管保男女老少通夜不散。他能够接近群众,不只是他的感情和群众一致,也不只是他懂得群众最多,这些艺能实在也帮助他不少。有一次,我曾经和他一路到过黎城的宋家庄,灾荒年间,简直找不上个吃饭处。恰好磨盘村有人玩乐器,他去了,一个人敲动四五样家伙,连打带唱,霎时聚下半村人,乘机把度荒自救的道理讲演一番,居然说得垂头丧气的老百姓眉开眼笑,收下粮票,款了饭,都准备设法去生产。

赵树理同志是值得学习的,学习他密切联系群众的作风,学习他为群众服务的热忱,学习他那种取得多才多艺的学习精神,学习他对群众艺术爱好的活泼风趣。看他的作品,学习他的文章,当然更是应该的事。

(原载1949年1月16日《人民日报》)

语文四病

王 春

我试着归纳了一下,觉着我们日常所写的文章,在语言文学方面有四项弊病,须得改正。乘着北京市文联的成立,冒昧写出来,贡献给大家参考,对与不对,自己都不敢决定。

一是句子太长。我们拿嘴说起话来,句子都是很短的,但不知为什么一动笔去写,就要捏作得很长,常常一句话包括到几十百把个字,并且要把几层意思都包括进去。前几天,我拿了一本《北京工人》创刊号,教一个初学文字的人念他们的"见面话",念到"在这本杂志里,计划有天下大事、我们的话、生产战线、工会生活、工人习作、科学常识、卫生常识等"这一句,他就不爱学了,说是不像是说话,不好念。后来他还提议改,主张改成这么个样子:"有天下大事,有我们的话,有生产战线,有工会生活,有工人习作,有科学常识,有卫生常识等。"这改法是否高明,不来研究。但我们的自然语言总是简短的,没有染上写文章风气的人,对于过长的句子,觉着是不自然的,这却是事实。这所举的例子,还是一个构造简单的句子,并且也不算太长。是有更长、更复杂的,那就更与大众绝缘了。随便在报上抄两句:"对于有些充任行政领导责任,但既无管理能力,又习惯于用'鞭子赶'的态度对待工人,在管理上严重阻碍了工人的积极性,技术上又不能解决当前实际问题的技术人员,进行了调换。"

这一句话连标点共是82个字,但这在原文里边,其实还仅占得几分之一句话的地位,因为它是被包孕在一句更长的话中间的,看开头的"对于"二字和末尾的";"号,就可以明白。这句子从开头的"有些"到"的技术人员"的"的"字,共是71个字组成一个形容词。我不知道在我们什么人的嘴里有过这样的语言?

再抄一句:"全厂技术人员在思想上已不再存在'工人是第一,干部是第二,技术人员是第三'的想法,与'说话得先想好,说不对可麻烦','我们在企业中究竟是什么地位?'的领导与怀疑。"

这更复杂,但也更别扭,这大概可以断定,在全中国里头没有一个人说起话来是用这样说法的。不只不能说,也不好念,念也未必听得懂。可是我们为什么要这样写呢?这叫大众们怎么看呢?这种文章,是一种典型的"新文言"。它的难懂程度,绝不下于文言,而且据我看来,比浅近的文言还难懂,至少是更难学。但是可怪的是,正是这种文字,像是成了今天文章的正宗,每天看书、看报都看的是它。我曾经跟一个专写这种长句子的同志谈过,问他为什么要用这种写法?他说也嫌不好,想改,但是好比唱歌子,往往一张嘴就唱进了这个调,三句以后就再换不过腔来,所以被迫着一句一句往长捏。因此我跟他研究了个办法,主张下笔头一句就往短写,就写能说的话,不要滑进"长腔"里去弄得摆不脱。如果大家也承认作文应该如说话的话,承认当初把古文丢开写白话是为的"明白如话"的话,就希望都不来写这种长句子的文章。这实在是既脱离群众,又并不出色的一种东西。

一是不注意文法。这有两方面:一方面是所用的字眼似是而非,上下不照,讲不通。比如前面引的第一个例子,开头的"有些充任行政领导责任"这个话,就是种糊涂话。可以说"担任行政领导责任",也可以说"充任行政领导职务",却不能说"充任行政领导责任",因为

"责任"是不能"充任"的。像这种例子实在多得厉害,叶圣陶先生在"类乎'喝饭'的说法",里头已经举了不少,不再多引。我是个编报的,每天就把很多力量用在改正这种句子上;改漏下的,就上了报。前边所举的例子,就都是《工人日报》上的。另一方面是句子的构造根本就缺脖颈、少挂钩,语不合法。这还往往是那些长句子最容易犯,因为句子长了,他们指挥不灵,就不知道说向哪里去了。例子:"处处装傻充愣被人称为'三虎傻刘',七五六渡江号司机长刘致和现在变得在归绥机务段里也算是个典型人物了。"

这句子最明显的毛病,是在"三虎傻刘"之后少了个"的"字。他不知道没有这个"的"字,就说不明"三虎傻刘"和"刘致和"的关系,挂不上。另外是"典型人物"这四个字的意义是含糊的,他不知道"典型"二字上边得加个限制词。至于这句子的结构,却真可以算作坏的典型。坏就坏在长上,那些文法上的毛病也发生在长上,他如果不像这么着写,拆开,比方像这样:"七五六渡江号司机长刘致和,从前处处装傻充愣,被人称为'三虎傻刘',现在变成归绥机务段里的进步分子了。"

这不是就比较不那么讨人厌些了吗?而且句子短了,文法上的毛病也就容易检查到,他自己就可以听出顺劲不顺劲来。这句子是工厂通讯员造的,文化程度是不高的,但都学了这一套,所以我竭诚拥护《人民日报》的号召:"请大家研究文法。"这"大家"是指我们的,我们先研究怎样写通、怎样写短,把"典型"弄好一些,免得把坏影响传播给工人、农民,还有士兵、学生和儿童。这方面的例子也举不胜举。

一是用韵的文字硬凑韵,把语言变乱得颠三倒四,或是编造些没有的话。例如为了押"消"字的韵,就把"消灭"改成"灭消";为了凑

"川"字的韵,就把"平川地"说成"地平川";为了凑够一句的四音节,就把"一直爬上山峰"写成"一直爬上山岗峰",诸如此类等等。韵文这形式,为什么说是不好的形式呢?就在于它必须用韵,必须讲究音节,违背着语言的自然,妨碍人自由说话。但它为什么又很难吸引住读者和群众,叫人们始终爱好着它呢?这原因也很清楚,正就在于它有韵!有音节,听起来悦耳。它的弊端所在就是它的妙处所在。因此要使用韵文这种形式,就又须遵守一个原则:为了利用它的妙处,就得接受它的弊端,如何接受法呢?用语"现成",造句"自然",不露捏凑痕迹,概括一句话:"妙语天成。"古人把诗、赋、词、曲写了几千年,把修辞方面的话讲了几百卷,说来说去,恐怕就主要讲的这一层。谁的韵押得自然,谁的句子现成,谁就活;谁硬凑,谁就死。我们今天为了发展大众文艺,来写鼓词、写唱本,这是做的一件最有价值的事情。但是这些恰恰都是韵文,是属于弊端的和妙处结合在一起的形式里头的。那么,我们既然被迫来用它,也就只有就它的范,从束缚中求自然,把它派给我们的在写作过程上的弊端,变成唱出来受群众欢迎的利益。可是我们偏不晓得这个对一切韵文有生死关系的问题的严重性,竟想含糊草率偷偷混过这一关,这如何成?这要是能行的话,要是"消灭"可以改"灭消"的话,那还何用责备韵文束缚语言呢?又从何期望韵文吸引听众呢?

一是诗的形式不为大众所理解。新诗这东西,真正没有为大众所理解!不管是一两个字一行的,不管是方方一块的商籁体,还有各种各样的自由体,都没有为大众所理解!这是什么原因呢?我看是因为这种形式的东西在中国没根,不是民族的,也没有民族化,所以就绝对跟大众发生不了关系。我很赞成郭沫若先生的意见:"现时的民歌民谣,在形式上,都比较和旧时词更见接近。"郭先生又说:"诗歌工作者的任务是要建立为人民服务的新的民族形式……而在形式上则当就现存的民歌民谣中求得民族的语言规律和生活情调而施以新的加工。"这看来就是诗歌的新道路,不然的话,像这种诗:

蒋介石
就要
回到他底
"天堂"
去和路易十六们
尼古拉第二们
团圆

排列成这种样子,这叫大众怎样懂呢?

不懂的原因不就在于它不民族化吗?不就在于它不合乎"民族的语言规律和生活情调"吗?这种诗就是连起来也没意思。

"蒋介石就要回到他底'天堂',去和路易十六们尼古拉第二们团圆。"

连是连住了,但这种句子跟前边所引的工人通讯员所写的那个句子又有多大差别呢?可是因为作家耍了花枪,分了行,又弄得高一下低一下,就叫作诗,这不是自欺欺人吗?我觉着我们应该有勇气说实话,正式承认凡不曾和我们的民族形式发生过关系的新诗,也没有跟大众发生关系,而且也一直发生不了关系,应该另想改进的办法。我们不要像寓言上说的那个光着身子的国王一样,他被裁缝骗了,他说是他身上穿着最好的衣服,并且是只有长着特别的福眼的人才能看得见。于是臣子们为了证明自己都长的是福眼起见,也就一齐伏地呼万岁,说是陛下就是穿着一身最好的衣服。我们则是为新诗这个"新"字吓住了,怕人说自己守旧,硬是不敢说实话,不敢说出这东西不好,不敢说出这东西是脱离大众的这句话来,这实在是不应该的。

　　以上这四项,我希望我们承认它们是病,为了大众的利益,改正过来。

　　（此文系王春之子王小兴保存的王春手稿,写于1950年5月）

愚公移山

王　春

愚公移山

　　太行、王屋两座山,方圆700里,高有8000丈,都在冀南、豫北的地面上。

　　北山有个老汉,外号愚公,年纪快到90岁,住的房子,恰恰面朝山。出门山堵脸,进门山挡路,这样子的不方便,老汉实在忍不下。这天召集了个家庭会,老汉宣布开会宗旨说:"我跟你们尽力来开山!咱要做到一条平路通豫南,把大道一直接到汉南平原上,你们说好不好?"家里人七嘴八舌,都说"好!好!这样就是好!"只有老汉的老伴对这决定有点怀疑,她老人家说:"看你老头子的力气,恐怕连一个土堆子的尖儿都损不着,莫说动太行、王屋的土!况且挖下来的石头、土,都往哪里放?"大家都说:"世界宽着啦!撩到渤海里,送到阴山背后!"

　　于是乎老汉便领了自己的儿子和孙子,出动三副挑担,砸石头,刨土块,扬簸箕,抡木锹,一担一担往渤海岸上搬。邻家住着一位京城氏的寡妇,家里有个六七岁的小孩子,乳齿刚掉了,豁着两个当门牙,也蹦着跳着跟了去,算是他们的助手。他们认真地干,不到冬夏换季的时候,谁也不肯回家误一天。

　　黄河湾里住着一位老头子,外号聪明老公,看了愚公这个开山队,不免大笑起来。他教训愚公说:"糊涂透顶了,你这蠢材!看你还能活几天?身上还有多少力?熬到死,怕还拔不掉山的一根毛,你究竟能把石头、土壤怎么样!"愚公长叹一声回答他:"我看你才真是个顽固东西,思想再也休想打通。我真没有想到你竟蠢得连人家的寡妇、小孩子都比不上!我死怕什么!不是有我的儿子吗?儿子又生孙子,孙子又生儿子,儿子又有儿子,孙子又有孙子,子子孙孙,永没穷尽。可是山总还是那么个山,既生不多,又长不大,我为什么平不了它!"聪明老公听了这个,张着嘴没话说。

邹忌照镜

古时候,齐国的邹忌生来身材高大,魁伟漂亮。有一天,他穿起礼服,在镜子前面摇来摆去,问他的太太说:"你看我和城北的徐先生哪个美?"

太太娇声娇气地说:"你美!徐先生可差得远呢!"

说到城北的徐先生,也不简单,那是大家公认的漂亮男子,所以邹忌总想跟他比。不过,虽然经太太这么说了,邹忌心里还是有些不敢自信,于是又问起他的小老婆来,小老婆说:"就是你美,徐先生哪能比得上!"

说话中间,恰巧来了一位客人,邹忌就又征求客人的意见,问道:"阁下觉得我跟徐先生哪个美?"

客人说:"徐先生比起你老来,实在差得远呢!"

有一天,徐先生有事来了,邹忌对他看了半天,觉得自己还是没有人家漂亮。他走到镜子前头晃了几晃,不管怎么装模作样,到底比不上人家。夜晚睡觉时,他寻思起来:"为什么他们都硬要说我比徐先生漂亮呢？……"

后来他才恍然大悟，说："原来是这么回事！我太太说我美，因为她爱我；小老婆说我美，因为她怕我；客人说我漂亮，那不过是打算请我帮忙的缘故。原来是这么回事！"

第二天，邹忌去见齐王，报告这件事。他说："我确实知道自己没有城北的徐先生美，但是我的太太爱我，硬说我比他美；我的小老婆怕我，也说我比他美；客人想求我帮忙，更是一口认定徐先生比不上我。像我，不过是个做官的人，可是他们为了各人自己的目的，就对我奉承到这样地步。像你做王的，是一国的统治者，你的王后和妃子，哪个不爱你？帮你做事的一帮臣子奴才，哪个不怕你？况且在你统治下找事做的人，谁不想求你给点好处？这样看起来，你所受的蒙蔽，恐怕要比我严重万分吧！"齐王说："对！你讲的这个故事很好。我们当权的人，确实不应该听信人家的谄媚话。"

唇亡齿寒

古时候，晋国和虞国相邻，虞国又和虢国相邻。

晋国要去侵略虢国，但是必须向虞国借路，才能过去。谋略家荀息就向晋王建议说："为了使虞国同意借路，不妨把你的名马和宝玉送给虞国。"晋王说："马和玉都是我的宝贝，我怎么舍得给人家！"荀息说："只要虞国肯借路，我们先灭了虢国，虞国也迟早是我们的了。这些宝贝送给他，不过像暂时存到别人仓库里一样，将来仍旧可以取回来，不必顾虑。"晋王说："这样很好，不过，虞国有个叫宫之奇的，是个有见识的人。这人看事很透彻，他一定会劝阻虞王的。"荀息说："宫之奇虽然是个有见识的人，可是他有个缺点，就是为人软弱，缺乏斗争性,不能坚持正确的意见;再则,他从小就是由虞王抚养大的,虞王对他不大尊重,他出来劝阻,虞王是不会听他的。"晋王觉得荀息的估计很对,就派荀息带着他的良马和美玉,到虞国去借路了。

荀息到了虞国,献上东西,又给虞王戴了一阵高帽子,说:"从前冀国侵略我们,占领了我们的地方。后来全仗你的力量,我们把他们打退了。现在虢国又在实行'侵略',经常派散兵潜伏在我国边境,抢掠我国南边的地方,我们晋王决定派军队去教训他们一下。不过我们向虢国进兵,必须经过你的地方,因此我们晋王特地派我来向你借路,希望你能允许我们的军队在你的国土上通过。"

虞王看到了礼物,又听了奉承话,心里满舒服,马上就答应了,还说他可以帮助晋国打前锋。宫之奇听到这件事,果然出来劝阻,但是虞王不听。这年夏天,晋军和虞军会师侵略虢国,占领了虢国的下阳地方。

隔了三四年,晋国又向虞国借路,又要去侵略虢国。宫之奇又苦苦劝告虞王不要上当,他说:"虢国和虞国皮肉相连,虢国灭亡了,虞国也一定会跟着灭亡。晋国是侵略国家,他们像强盗一样,和强盗是不能打交道的。以前来过一回,已经很危险了,怎么还可以来第二次呢?俗话说'腮帮子靠着牙车骨',嘴唇没有了,牙齿也会感觉冷的。我们虞国和虢国的形势,就正是这样。"虞王说:"晋国祖祖辈辈跟我们是本家,他们还能陷害我们吗?"宫之奇说:"你真不明白,侵略者哪里论什么本家不本家!虢国的祖先,按家谱查起来,跟我们一般远近,也都是晋国的本家,而且人家虢国的上辈在周天子那里做过大官,比我们还要吃得开,可是现在晋国却要去灭亡他们。那么,人家怎会单单爱惜虞国呢?还有一层,虞国就算跟晋国是亲族,可也是远亲,能比近支弟兄更亲吗?晋国有两家近亲,都无缘无故地被晋王灭掉了,何况我们?"可是不管宫之奇怎么说,虞王还是不听。

宫之奇不愿当亡国奴,就带着家眷离开虞国了。临走时,他很悲观地说:"过了今年腊八,虞国就得灭亡。因为晋国用不着出第二回兵,他们的军队灭亡虢国回来,只消顺便把虢国灭掉就行了。"

这个冬天,晋军灭了虢国。队伍返回来,虞国招待晋军宿营。晋军果然不费一兵一卒就把虞国灭掉了,虞王和他的官员们都一齐做了俘虏。

这时,荀息亲自去找出了从前送给虞王的宝玉和良马。他一手拿玉,一手牵马,很俏皮地对晋王说:"玉还是老样子,只是马的岁数已经大了一点!"

现在人们写文章常常用"唇亡齿寒"这个成语,它的出处就在上面这个故事里。

拔苗助长

河南归德府地方,从前有个种田的,他对庄稼长得慢这件事,非常不耐烦。有一天,他想出了一个办法,就是用手把每棵禾苗都拔高一些。他以为这样做,禾苗就长得快了。于是他就在田里拔了一整天的禾苗,直到天黑了他才疲乏不堪地走回家去。回到家里,他一面表示疲倦,一面还带着点夸功的口气,对他儿子说:"今天我实在够累了! 整整帮助庄稼长了一天!"儿子一听这话,觉得出奇,赶紧跑到田里去看,只见田里的苗全都倒在地上了。

这个故事是古时的一个学者孟轲讲的,它对我们做群众工作和教育工作的人,有很大的参考价值。因为一切工作要通过群众的自觉才能做好,用强迫命令的方式办事,跟拔着禾苗硬叫它长一个样。

尽管你的动机很好,但是效果极糟。

涸辙之鲋

"涸",是水干了的意思;"辙",是车轮在泥路上轧出的印迹;"鲋",就是鲋鱼。

古时候,庄周穷得没米下锅。他去找监河侯借粮食,监河侯说:"可以。我快收地产租金啦,等我收起来,借给你300两银子,好吗?"庄周着了急,说:"我昨天走到半路,听得有叫救命的声音,一看,原来是路旁车壕里的一条鲋鱼在喊叫。我问它什么事,它说:'我实在快干死了,你能弄一勺水来救救我吗'我说:'没问题。我打算去劝说两个大的官儿,叫他们从长江岸上开一条渠,引进几里宽的江水来,尽你游泳,好吗?'谁知鲋鱼听了这话,反而大怒,说:'废话!我只要一勺水,就能活命,这是眼前的问题,你却扯到这么远的事情上去。要是这样,你还不如早点到鲜货店里去找我的尸首吧!'"

上面这个故事是暗示大家:做事情不要光讲空洞的大道理,要切实解决迫切的现实问题。

黔驴技穷

"黔"是贵州的简称。贵州地方没有驴,有个人费了很大的劲,用船运了一头驴来。不过弄来之后,不晓得怎样使用,只好把它放在山脚下,让它自由活动。

山里有一只老虎,它起初看到这个驴的时候,很吃惊。因为驴是个大东西,身高脸长,气派不小,实在有点小看不得。老虎只好藏在树林里,偷偷地瞧着,不敢贸然走上前去。

但在老虎仍旧想侦察个究竟,它就慢慢地试探着往近走,又蹑手蹑脚退回来,因为摸不着对方的深浅,所以非常谨慎。有一次,驴忽然叫了起来,它的叫声又粗又长,把老虎吓得没命地跑。

不过老虎还是不甘心,总在左近躲藏,留心观察。时候久了,渐渐觉得那头驴并没有什么特别本领。再久了,驴的那种叫声也听惯了,更不觉得可怕了。最后它就慢慢走过去和驴厮混,可是还不敢下手吃它。

越久越胆大,老虎就跟驴闹着玩了。或是挤它一下,或是靠它一阵,或撞或擦,弄得那驴大发脾气,翘起后腿踢了一下!老虎一见,大笑说:"哈哈!原来就是这么一点本事,吃吧!"于是纵身一吼,咬断驴的脖颈,把驴肉吃了一个饱。

这个故事是古代作家柳宗元写的。这位作家写完这个故事后,感慨地说:"唉!驴的相貌堂堂,很有些不平凡的样子;它的叫声洪亮,也像有点本领。它要是有自知之明,知道自己的本事不过是翘翘蹄子而已,就应该把这本事收起,不要拿出来。这样,也许老虎终于摸不着底细,不敢马上吃它。现在它妄自骄傲,居然先向老虎发动攻击,结果当然给自己找来了死亡。"

自相矛盾

从前,有个湖北人,也卖挡箭牌,也卖矛头枪。他先拿起挡箭牌自吹自擂地说:"我这种挡箭牌,坚固极啦!世界上的东西,没有能穿透它的。"他又抡起矛头枪,夸起嘴来:"我这种矛头枪锋利极啦,世界上的东西,它没有穿不透的。"旁边的人觉得他说得不对头,就问他道:"那么,拿你的矛头枪戳你的挡箭牌,结果会怎样呢?"这一问,问得他张口结舌,无话可说了。

这个故事是古时候的一位政治理论家讲的,它讽刺那些说话前言不对后语的人。

完璧归赵

河北省的邯郸,古时候是赵国的首都。

那时的几个国家中,秦国最强。有一天,秦王忽然写信给赵王说:"听说你有一块无价的美玉,我愿意拿15座城池跟你换,请送来吧!"这明明是句假话,像秦国这样的侵略国家,哪有肯拿城池换宝玉的道理!可是赵国的力量没有秦国强,惹不起秦国,所以明知是诈,也只好设法来商量对付的办法。开大臣会议的时候,大家都拿不定主意,因为把玉给了秦国,秦国是不会割地的;不给呢,又怕秦国打过来。正在决定不下,忽然出来个蔺相如,他说:"我愿意带了玉到秦国去办交涉。假如他割地,自然把玉给他;要是他不守信用,我保证把玉带回来。"大家似信非信,但也没有办法,只好让他带着玉到秦国去。

蔺相如见了秦王,送上美玉,秦王左摩右看,又递给左右宫人传看,可是关于割地的事,却一字不提。蔺相如看到这种情形,就生了个急智说:"这玉虽好,但有点小毛病,你们看不见,让我来指给你们看。"秦王只当是真,就把玉交还给他。蔺相如接到玉,立时转身跑到一根柱子底下,瞪起血红的双眼,理直气壮地说:"秦王要玉,赵国就派专人送来,赵国对秦国,可说是非常尊重的了,但是秦王既然说好用15座城池换玉,现在拿到了玉,却一字不提割地的事,这说明秦国只是恃(恃就是倚仗)强诈骗！你这样不守信用,那我就偏不给你玉,不给你,也不过把我打死罢了。这有什么关系！我拼着一死,也就是了！"说罢,举起玉就要向柱子上撞去,并且说："我情愿和玉一齐粉碎！"他因为愤怒极了,说话的时候,头发根根直竖,竟把帽子也顶了起来,所以历史家形容他当时的愤怒情形,说是"怒发冲冠"。秦王一见他这样英勇,又怕他真个砸了玉,只好用好话道歉,并且故意叫出几个官来,展开地图,装腔作势地指画一番,表示真要割地的意思。蔺相如明知道这又是欺骗,就说道："这玉是天下的奇宝,我国慎重送来,你也该隆重接收。"秦王没法,只好答应他斋戒沐浴五天,再来举行受玉典礼。

蔺相如拿了玉回到招待所,心想秦王如此不讲信义,不如打发随从的人先把玉带回赵国,以后的事再看情形对付。主意决定,就这样做了。

到了第五天,秦王果然装起洋蒜,大摆仪式,要蔺相如献玉。蔺相如干脆回答他说："玉已经送回邯郸去了！"秦王一听,自然气极了,但正因为怒气太大了,反而发不出来,他咬着牙冷笑说："你打算怎么说？"蔺相如理直气壮地说："你们秦国从祖先秦穆公以来,二十几代君主,没有一个讲信用话的！我不愿意再上你们的当。你要得玉,请立刻派人交地,玉随后送到,否则顶多杀了我完事,但玉还是赵国的,你仍旧不能到手！"秦王知道对这种不怕死的人,用强没有用,反而坏了自己的名誉,被别人耻笑,只好夸奖他一番,好好地送他回国完事。从此蔺相如闻名天下,他回到邯郸后,赵王拜他为上大夫,处理国事。

隔了几年,秦王忽然又派人去见赵王说："我要和你在渑池举行一次会议,你来吧！"这下又把赵王难住了：去呢,怕被秦国扣留；不去,又显出自己太不行。最后蔺相如和将军廉颇商议下来,认为还是去的好。廉颇对赵王说:"蔺相如陪你去,我带兵在边境上做准备。"赵王听了,就放着胆子和蔺相如一同去了。

到了渑池,秦人果然骄横万分,那秦王故意装着客气,请求赵王说:"久闻阁下很会弹瑟,请奏一曲听听!"赵王只好给他弹了一曲。秦王的书记官马上在记录簿上写了一笔,说:"某年月日,秦王、赵王相会,秦王命令赵王鼓瑟!"以此来奚(奚就是嘲弄)落赵国。蔺相如见了,就上前对秦王说:"听说秦王很会敲瓦罐,那么,请你也敲一阵给大家听听吧!"秦王自然不肯。蔺相如就瞪着眼睛,靠近秦王,低声说:"我的怀里带着武器,你的性命现在在我手里。要是你不肯敲,我就和你一同流血。你虽然有千万军马,也救你不得。"秦王非常害怕,只好怪不高兴地在瓦罐上敲了一下,于是蔺相如也叫赵国的书记官在记录簿上写道:"某年月日,秦王给赵王敲瓦罐。"在进行这个争国家体面的斗争中,秦国的卫兵们被蔺相如的那种正义愤怒愣住了,谁也忘了动手。接着,秦国的人又耍起蛮横来了,这赵国献出15座城池,给秦王做寿礼!蔺相如就应声说:"请把你们的首都咸阳献给赵王做寿礼!"由于蔺相如的强硬,一直到会议结束,秦国都没有占到什么便宜。同时,秦国的人听得廉颇的大兵驻扎在边境上,也觉得不好耍野蛮手段,只好让赵国君臣回去。

回到邯郸以后,赵王感到蔺相如智勇绝人,坚贞可靠,就把他的职位升到大将廉颇之上。廉颇是赵国有名的大将,当时秦国那么厉害,几次侵略都叫廉颇打败了。廉颇因此以功臣自居,骄傲起来,看不起文官。他说:"赵国能够保住,全靠我在边疆抵抗侵略。蔺相如不过和外国耍过几回贫嘴,怎么可以让他骑在我的头上?我碰到他,一定要当众揍他一番!"这话有人传给蔺相如知道了,蔺相如不但不较量,反而在廉颇来找岔子时,处处让他,避免冲突。这么着,蔺相如本部门的那些人很不服气,他们对蔺相如说:"阁下这样害怕廉将军,我们实在感到羞耻。"蔺相如就反问他们:"你们看是秦王厉害呢,还是廉将军厉害?"大家说:"当然是秦王厉害。"蔺相如说:"这不就有了!秦王我还不怕,怎么会怕廉将军?我是以团结为重,怕内部不和,会惹敌人乘机进攻,我为什么怕廉将军!"这样一说,大家都更佩服蔺相如了。后来这话给廉颇听到,廉颇也觉悟过来了。他亲自去向蔺相如承认错误,蔺相如说:"这算得了什么,只要我们以后好好团结,尽忠国事,国家就会强起来。"从此两人就定为生死之交,再也没有什么矛盾了。

(《愚公移山》1950年由通俗读物出版社出版)

第二部分　研究文集

回忆王春同志

赵树理

王春同志和大众文艺的关系有19年之久。在这样长的时间内,他又不是专业文艺工作者,自然不是每天管这件事,但也不曾因非本业而忘怀,所以又常常管点事。在这19年中,他在这方面所做的事,不是我这一篇短短的小回忆所能容纳的。我在这里只举几件事作为例子:

在1933年,他读了我半篇未完成的通俗小说(以反对阎锡山搜刮山西的财力人力造成地方的混乱为主题),引起他提倡大众文艺的动机,写了一篇理论性的文章说明其重要性,但以当时山西没有进步的报刊,终于没有找到发表的机会。自那时候起,他的兴趣就被引到这一方面。

抗日战争开始后(1939年),他得到了个编小报的机会,就约我去编副刊(报名《黄河日报》路东版,副刊名《山地》),便把多年的理想化为事实——其中形式上鼓词、快板、童谣、故事等无所不包,而总的政治内容以发动人民抗日、揭穿阎锡山反共反民主的阴谋为范围。那时的小报与任何报纸的面貌都不一样,贴在各县城的街道上,凡认得字的人都愿看看,往往弄得路为之塞。

在1943年毛主席《在延安文艺座谈会上的讲话》传到太行山以后,王春同志更加注意了普及工作。到了1946年,太行山的文艺界往往说我们有门户之见,王春同志便将延安所出之《解放日报》和能搜罗到的几份地方报上登载的合乎大众化的短篇小说选了三个集子,以证明提倡并实际写大众化文艺作品的人都是不谋而合的,绝不是我们要在一处山地里树立什么门户。这种工作乍看来似乎很平常,而实际上则是把好几年来《解放日报》、各地方报上的文艺作品都过一下目才能决定。在做的时候,因为不是岗位工作,不能占工作时间,须在业余挤时间来做,又无编辑费之类的个人报酬,是件比较苦的事。

大众文艺只是他注意力集中的一个部分,实际上他全面关心的是大众文化。这方面我也举个例:前几个月,他着手编《大众字典》,往往面对着一个字坐夜,好像一个老和尚坐在那里参禅悟道,有时候则乱打电话找人问计——"老赵!一点两点的'点'字怎么解释?照几何学上的定义讲,大众不懂;离开那个讲,又错误……词性又很不统一:一点、两点、重点、要点、优点、缺点……点头、点句、点豆腐……点缀、点心……算了算了!究竟分几义,让我慢数。请你给我出个主意用什么语汇来解释?"已著成的成稿,看来果然浅显易懂,各尽其义,的确是群众学文化一部很好的工具书,可惜才著到一半他就病故了。

这些印象数起来是数不完的,容我以后有工夫再给他写个详细的传记吧!

(原载1952年3月30日《工人日报》第2版悼念王春同志特刊)

我的两个朋友

——谈话摘录

赵树理

……有和我在师范学校同班的一位高才生常文郁（入学时他考取第一名，我为第四名），文言文的功夫比我大些，但还谈得来。我当时向他推荐《江神童书》，他不以为然，但他向我推崇韩愈，我也不以为然——认为韩愈未能在明心见性方面用功夫。总之，两人皆迂腐之徒，均为地方上迂腐的小学所害。其后我的思想为上班的同学王春打垮，在另给我介绍梁启超的《饮冰室全集》。我此时如获至宝，同时向常推荐，并介绍常见王春。常是崇拜韩文气势的，一见梁文自然五体投地。王春此时的古文写作程度成熟得很，为文不宗一家，而所制作混之古人文中殊难辨认。因为这样，我们便都成了文字之交。常比我有独立性，自从随王找到读书之门，便自行找着书读，而我则每读一书，均是由王推荐者。我们所读之书甚为杂乱，主要的为康、梁、严复、林纾、陈独秀、胡适等人之著作和翻译。我与常二人和王不同者是在交朋友上——王主张"独善其身""莫为人师""古之学者为己"，而我与常则好广为推荐自己所好之书，交许多文字之交。

（原载2006年大众文艺出版社出版的《赵树理全集》第4卷）

王春与赵树理

赵魁元

赵树理与王春,一直是赵树理研究的课题之一。研究赵树理的人都知道,王春是赵树理走上革命道路的引路人,也是赵树理走文艺大众化道路的坚定支持者和同路人。

2016年是赵树理诞辰110周年,纪念和研究活动扎扎实实。活动之后,大家想在2017年王春同志诞辰110周年时搞一次小型纪念活动。由于王春英年早逝,苦于研究资料缺乏,我拜托在北京的同志与王春的儿子王小兴联系。王小兴很快来了回信,非常高兴并表示大力支持。来信还提供了两个重要信息:一是王春同志主编了晋冀鲁豫中央局1948年出版的《毛泽东选集》,二是曾在1947年组织书报支前活动。我们如获至宝,裴余庆当即以此为题,写了两篇文章,在《太行日报》和《晋城文化研究》上发表。

与此同时,关于太行、太岳精神的研究在晋城深入展开。作为解放区文学方向和旗帜的赵树理,自然是研究重点。王春也是重点。作为同乡同村后辈的语文老师宋正轩非常积极,前往北京王小兴老人处淘宝,还真淘出了许多有价值的东西。王春的形象开始清晰、鲜活、完整起来。合力推动,于是有了今日的《王春研究文集》。阳城县党建研究会还编辑出版了《王春纪念文集》。成葆德先生欣然作序,对王春做了更为详尽的介绍和概括。

编辑该书的过程中,大家有一个非常重要的体会是换位思考。

过去研究的中心、主角是赵树理,这一次研究,主角是王春。王春与赵树理的关系自然是重点,是核心课题,但必须走出过去的惯性思维。好在赵树理说过:"王春同志和大众文艺的关系有19年之久。"成葆德先生的话更是一语中的:"二人一路同行在大众化的道路上,真可谓声气相求,腹心相照,恩德相结的知音、知己。"这自然成为编辑此书的指导思想和共识。

应该说,经过方方面面的努力,该书基本上实现了全面介绍和研究王春的目的。《王春文选》共收录了他的19篇文章,近10万字,比原先知道的内容几乎增加了一倍,这对全面研究王春非常重要。这要感谢王小兴先生。王春去世已经60多年,新中国又经历了一些不应有的政治运动,特别是"文化大革命"的浩劫,许多宝贵的历史资料都已荡然无存。而王小兴坚持收集父亲的信息和资料,千方百计保存下来,并贡献出来,这既是中国人耕读传家传统美德的体现,更是一名共产党员对党负责、对革命负责、对历史负责的表现。还要感谢杨宏伟、孟和二位同志,多年来致力于太行根据地红色文化的收集和研究。作为主编的裴余庆、宋正轩在编辑该书的过程中,广泛收集资料,反复修改,还分别写出了《王春小传》《王春年谱》,为今天的人们,特别是年轻人了解王春、走近王春、学习王春提供了方便。重新阅读老舍、苗培时、康濯、王亚平等人的悼念文章,自然而然会使我们想起王春是怎样为新中国的成立而不懈奋斗的。英年早逝的王春是榜样,是典范,他是中国共产党的优秀党员,也是中国人民心目中期望的鞠躬尽瘁,死而后已的国家栋梁、民族贤能。

我想简单谈一下对王春的认识。

(一)王春是20世纪中国大众化文艺的倡导者、践行者、组织者。无论是赵树理的回忆文章,还是研究赵树理的文章,虽然都提到了这一点,但多强调的是对赵树理的支持。赵树理专为王春写的文章除收入本书的两篇外,在其他文章中还曾多次提到王春。《赵树理全集》中收录的《通俗化"引论"》《通俗化与"拖住"》两篇文章,对通俗化的定义和内涵进行了初步的阐述。文章虽然收入《赵树理全集》,但确是王春、林火等集体讨论的意见,是1941年8月上旬刚成立的通俗化研究会的理论主张,也可以说是王春、赵树理大众化文艺的宣言书。《通俗化"引论"》指出:通俗化"不仅仅是抗战动员的基本手段","它还得负起'提高大众'的任务,它应该是'文化'和'大众'中间的桥梁,是'文化大众化'的主要道路;从而也可以说,是'新启蒙运动'一个组成部分——'新启蒙运动',一方面应该首先从事拆除文学对大众的障碍,另一方面是改造群众的旧的意识,使他们能接受新的世界观"。

《通俗化与"拖住"》则进一步明确了提高大众化的任务大致可分四个方面:

> 第一是改造大众迷信落后思想,使大众都能接受新的宇宙观;第二是灌输大众以真正的科学知识,扫清流行在大众中间的一些对事物的错误认识;第三是在文字方面,也应该使大众逐渐能够欣赏新的形式,而不尽局限在旧的鼓词小调上头;第四是应该注意到大众语言的选择采用,逐渐克服大众语言的缺点,更进一步丰富大众的语言。

读了这两篇文章,我们进一步明确了大众化的科学内涵并不单指文学艺术,而是大众化文化,如新的世界观、科学知识等。进一步讲,就是新民主主义文化。

重读这些文章,不仅可以帮助我们理清赵树理文艺大众化的生成脉络,同时也可以帮助我们认识到王春的作用。1946年,当王春走上领导岗位后,更是大张旗鼓地宣传文艺大众化的主张,出版以赵树理为代表的大众文艺作品。不仅如此,为了扭转从大城市来的知识分子看不起通俗文艺的倾向,王春亲自从延安《解放日报》和其他报纸发表的大众化的短篇小说中选编了三个集子,证明大众化文艺是党的主张、革命的需要、群众的要求。

2014年,中国社会科学院文学研究所开展了《社会视野下的中国现当代中国文学》研究课题,大大拓展了研究的视野,开题即以赵树理文学为研究中心。程凯的文章《"社会视野下的中国现当代文学研究"针对性》明确提出:

> 如果说20世纪20年代的"民众文艺"、30年代的"大众文艺"尚且是从新思想、新文艺的主观理想出发构建其民众视野,那么,"全面抗战"引发的变化则是新文艺主动接纳、利用固有的通俗文艺、民间文艺、旧文艺等一切形式为"民族解放战争"服务。在这样一种新的统合过程中,"新文艺"的内涵与外延面临根本调整。一方面,扩大的外延需要新文艺进一步确立其价值出发点和根基,以保持其文化领导权;另一方面,"新文艺"又要能够有效"变身",突破固有圈子,与现实民众、社会发生有效关联。在现实政治力量方面,共产党在根据地的理论探讨与实践尤其主动地回应了这两方面要求。前者可举出《新民主主义论》等经典论述,后者则以赵树理等人的"革命通俗文艺"实践、乡村戏剧运动等为代表。这一双向深入的构造其有效性一直延伸到当

代文学的社会主义阶段。

在随后的另一篇文章《乡村变革的文化权力根基——再读〈小二黑结婚〉与〈李有才板话〉》中,程凯进一步指出:

> 长期自觉从事大众文艺实践的王春和赵树理正是在有效展开群众工作的意义上一再重申通俗文艺的核心作用。以往对通俗文艺效用的理解是利用通俗形式可以更有效地传达"新",使革命的、新的意识渗透入民众底层。这其实还是一种自上而下、自外而内的通俗意识,蕴涵着一种等级差别。可王春、赵树理等人基于群众工作所产生的通俗意识是自下而上的,就是说,首先要深入把握群众意识被旧思想、旧文化所决定的状况,才能产生深入群众工作的途径。就此而言,群众的旧思想、旧文化不是一种固化、静态的存在,而是要革命者以其主动态度去把握、"深入"的"现实",并在同样的文化层次上找到与之争夺的方式。

程凯强调的是:"王春、赵树理等人基于群众工作所产生的通俗意识是自下而上的",这对于深刻理解王春、赵树理对文艺大众化的独特贡献是非常有益的。当然,王春侧重的是理论阐述和宣传,赵树理则以文艺作品的方式适应了时代的需要、党的需要、人民大众的需要。王春和赵树理相辅相成,一路前行。

(二)王春是反对封建迷信的坚定勇士和战将。大家知道,赵树理文学的特色是大众化,其主题之一则是坚定地反对封建迷信文化。这一点似乎随着历史的发展而被淡化。其实,重申和坚持反对封建迷信,今天仍然有着重大的现实意义。

大家公认,发表于1946年的《继续向封建文化夺取阵地》是王春的代表作,可惜我们以往重视不够、研究不够。

为什么题目是《继续向封建文化夺取阵地》,这是因为,夺取封建文化阵地是王春、赵树理早已立下的宏大誓愿,并在多年的文化宣传中一以贯之地坚持。1941年10月12日,太行区的腹地黎城县并没有被日军占领,却在汉奸的操纵下,反动会道门离卦道举行有五六百人参加的反革命暴动。这深刻地暴露了根据地文化建设的问题。从1942年1月16日起,129师政治部与晋冀豫区党委联合召开有400余人参加的太行区文化界座谈会,就黎城离卦道暴乱事件进行检讨总结。邓小平就文化工作的服务对象、工作作风及文化工作的批判性、战斗性等问题做了报告。会后李雪峰写了《关于文化战线上的几个问题》,杨献珍写了《数一数我们的家当》,文中说"朱总司令曾经说过,在军事上,我们的武器比敌人差,但我们却打了胜仗;在政治上,我们掌握着真理,但我们却打了败仗"。华北《新华日报》发表了《文化战线上的一个紧急任务》的社论,社论提出"不为过去大众化运动所局限,要深入农村,了解农民,打破形式主义和局限于机关文化的机关主义,要使文化成为大众——首先是农民大众自己的文化"。

这是一次非常重要的会议。正是在这次会议上,赵树理大声疾呼文艺要大众化,要坚决地夺取封建文化阵地。王春参加了这次会议,坚定地支持赵树理。会后不久,赵树理就创作出了他一生最看重的上党梆子戏《万象楼》。王春不仅是坚定的支持者,而且为赵树理提供了家乡反动会道门的许多细节和欺骗百姓的内幕。

《继续向封建文化夺取阵地》发表是1946年,距1942年又过去了四年,情况发生了很大的变化。中国共产党带领中国人民不仅赶跑了日本侵略者，而且开始了为建立新中国而奋斗的解放战争。中国共产党第七次全国代表大会胜利召开，我们党更加成熟，不仅形成了以毛泽东同志为核心的坚强领导，而且明确了把马克思主义同中国革命具体实践相结合的毛泽东思想作为党的指导思想和理论基础，王春已从普通的宣传文化战士成长为独当一面的组织者和领导者。他清醒地认识到，根据地的文化建设，特别是对封建迷信的斗争确实取得了很大成就。如他在文章中指出：

> 我认识家乡阴阳先生的两大家系，一家姓卫，一家姓马。这都是祖传龙虎山灵符、阴阳两宅精通的名手，然而现在不只群众没人再去找他，连他们自己也变了：姓卫的家族中的一个，成了太岳区的文教工作英雄；姓马的家族中的青年，有的为革命牺牲于蒋阎队伍之手，有的在这里做政府工作。阴阳！好不平凡的概念！老百姓竟然解除了这个束缚，垒牛槽竟敢不再去选吉日，这怎么不是天翻地覆的大事情？

但是，文化的"天下"仍很严峻，大部还是被封建文化统治着。这次，王春将一般笼统称之的封建迷信思想做了详细分类与分析：作为"总的思想指导原则"的是"听天由命，安分守己"、命运、报应这种东西。王春详细列举了封建迷信的六种表现。

程凯指出，细读王春的文章会发现他在文中描述了前后两种决定性：一种是封建迷信思想"千经万纬的网"对群众思想的决定性作用；一种是群众摆脱这种束缚对"翻身""翻心"所起的决定性作用。

怎么办？当然是继续向封建文化夺取阵地："我们的任务，还是和《北方快览》《玉匣记》之类争天下,还是从阴阳先生、巫神、法师手里夺取群众,还是从《秦雪梅吊孝》手里夺取读者阵地,乃至于还得从《四郎探母》的戏台下夺看客。""人民的思想解放,这是如同打倒日本帝国主义的大任务。"这就是王春的决心。

(三)王春对宣传中国革命理论,特别是毛泽东思想的重大贡献。王春自抗日战争开始即投入革命后,因其知识分子出身和文化才华,很快被发现并被安排到宣传文化战线上,1939年7月即担任刚创刊的《黄河日报》(路东版)的主编。从抗日战争到解放战争,直至新中国成立后,由于他英年早逝,他的功绩、他的奋斗历程,在新闻出版战线上只有少数人知道。就是在他的家乡,虽然《阳城县志》《晋城市志》《晋东南地区志》乃至党史历次修编时,人们始终不会忘记他,他始终志上有名,但王春的名字早已淡出了人们的记忆和视野,大多数人并不知道。

这次文集的编选,应该说意义十分重大。王春对中国革命理论、对毛泽东思想的宣传,我们过去知之甚少,深以为愧。文集中多有叙述,这里不再重复,只说几点:

一是早在1944年,在抗日战争还没有取得完全胜利之前,为了向敌占区宣传党的主张和毛泽东,将毛泽东同志著的《论持久战》《新民主主义论》《论新阶段》伪装成《虞初新志》《文史通义》,发往敌占区。创造了战争年代在毛泽东各种单行本、专题文集著作的出版中,一种特殊的版本——伪装本。这种版本,是为适应对敌斗争形势的需要而产生的。这种版本销往敌占区,是中国共产党对敌宣传斗争的反映,也是毛泽东思想在敌占区得以传播的历史见证。这种特殊版本有着特殊的意义,充分显示了王春的政治眼光和政治智慧。

二是王春负责编辑出版的《毛泽东选集》,不仅是党的七大之后,解放区编辑出版的三种选集之一,而且是按年代顺序编辑、篇幅最多、内容最丰富、装帧最美的选集。要知道,另外两种选集的主编可都是中国共产党的重要人物:一是凯丰,著名的中共党史人物,红军长征时曾任中共中央宣传部部长。二是邓拓,中国共产党党内优秀的大知识分子,新中国成立后任人民日报社社长。王春勇担重任,编写《毛泽东选集》(晋冀鲁豫中央局版),宣传毛泽东思想,应当是他一生中最大的荣誉。

许多人回忆王春并不仅仅是负责人,而且还是亲力亲为的编辑、设计和校对。看看最后由王春亲自校对、审核的定稿,无不为之动容。

(四)王春对中国现代汉语的贡献。赵树理提供了一个极其重要的信息,那就是王春对于语言大众化的研究。赵树理还举了一个非常详尽的例子:王春在编《大众字典》时,往往面对着一个字坐夜,好像一个老和尚坐在那里参禅悟道,有时候则乱打电话找人问计——"老赵,一点两点的'点'字怎么解释?"

赵树理已成为"语言艺术大师"。王春呢?应该说在这方面也是做过努力、做出贡献的。可惜由于英年早逝,未能取得更多的成果,更为可惜的是,呕心沥血编的《大众字典》未完成。这方面的研究,至今几乎空白。如能把赵树理的语言和王春的语言做一比较研究,当会有收获的。我们希望有人来做这个课题。

2017年纪念王春诞辰110周年座谈会上,宋正轩让我看他收集的资料。其中一篇《语文四病》,我很感兴趣。因为我是一个不喜欢写文章也不会写文章的人,有时逼着非写不可,自然毛病百出。王春指出的四病我经常犯,如"句子太长""不注意文法"等。

但真正令我眼前一亮、心中大喜的是"用韵的文字硬凑韵,把语言变乱得颠三倒四,或是编造些没有的话"。都说赵树理的小说语言好,可说唱,并称之为有韵体。有韵体老百姓喜欢,许多人为什么却不写呢?王春对此做了说明。文集已全文收入,但在这里,我还是忍不住抄录一遍:"韵文这形式,为什么说是不好的形式呢?就在于它必须用韵,必须讲究音节,违背着语言的自然,妨碍人自由说话。但它为什么又很难吸引住读者和群众,叫人们始终爱好着它呢?这原因也很清楚,正就在于它有韵!有音节,听起来悦耳。它的弊端所在就是它的妙处所在。因此要使用韵文这种形式,就又须遵守一个原则:为了利用它的妙处,就得接受它的弊端,如何接受法呢?用语'现成',造句'自然',不露捏凑痕迹,概括一句话:'妙语天成。'古人把诗、赋、词、曲写了几千年,把修辞方面的话讲了几百卷,说来说去,恐怕就主要讲的这一层。谁的韵押得自然,谁的句子现在,谁就活;谁硬凑,谁就死。我们今天为了发展大众文艺,来写鼓词、写唱本,这是做的一件最有价值的事情。但是这些恰恰都是韵文,是属于弊端的和妙处结合在一起的形式里头的。那么,我们既然被迫来用它,也就只有就它的范,从束缚中求自然,把它派给我们的在写作过程上的弊端,变成唱出来受群众欢迎的利益。可是我们偏不晓得这个对一切韵文有生死关系的问题的严重性,竟想含糊草率偷偷混过这一关,这如何成?这要是能行的话,要是'消灭'可以改'灭消'的话,那还何用责备韵文束缚语言呢?又从何期望韵文吸引听众呢?"

　　王春对赵树理文学语言的深刻认识和高度肯定,特别是从语言学理论高度的阐述,加深了我们对赵树理是"语言艺术大师"的理解。王春之所以能够做到这一点,说明他具有语言学者的功底、能力和天赋。还有一点十分重要,在中国人民抗日战争和解放战争的伟大革命实践中,作为宣传文化战士的王春,为了语言的大众化,做出了许多努力。文集收录的《标点与分段》(上下)、《文章的效果"懂"与"动"》(上下)都很好地说明了这一点。

《文章的效果"懂"与"动"》(上下)开门见山指出,一篇文章,必须收到两个效果:一个是叫人家懂得你说的什么,一个是要叫人家依着你的意思动作起来,即能动人。至于怎样才能收到"懂"的效果,他讲了以下七点:第一要不写错字,第二要讲究语法,第三要会用标点符号,第四要中心明确,第五要条理清楚,第六要前后照应,第七要确立读者观念——到底是写给谁看的。至于怎样才能收到"动"的效果,他首先讲了文章大体可分为议论文、叙述文、抒情文三种类别,然后分别举了政治上的宣言、报纸上的社论,一般的通讯、小说,颂扬的诗句、追悼革命烈士的祭词、诉苦会上的哀歌等三类例子加以进一步阐述。最后讲了写议论文、叙述文、抒情文三种不同文体的要求。他指出:写议论文要"文理密察",即文章的结构、你所主张的道理,周密而没有漏洞,透彻而不含糊,像《解放日报》的社论一样,拿出战斗的姿态与清楚的头脑,要它写出来能够表现理直气壮;写叙述文字最扼要的办法就要写得具体,切忌多发空论,最好是一直说事实。写抒情文就是要写出真情,不要多写空洞的乱歌颂、乱叫唤的文章。

新中国的成立为汉语现代化提供了更为有力的条件。举全国之力,推广、普及和提高国家通用语言成为一件大事。1951年6月《人民日报》发表社论《正确地使用祖国的语言,为语言的纯洁和健康而斗争》,并开始连载吕叔湘、朱德熙合写的《语法修辞讲话》。1951年9月,新中国颁布第一个标点符号方案《标点符号用法》。王春高兴极了、兴奋极了。他已担任《工人日报》的社长兼总编辑,他的担子很重,要办的事情很多。但他却挤出时间来,利用在家休息的时间编写《大众字典》为普通工农大众服务,所以才有了赵树理所说的"对着一个字坐夜,好像一个老和尚坐在那里参禅悟道"。可惜,这时候的王春病情已十分严重。正如工人日报同事们的回忆,王春一直带病工作,同事们总会看到他左手捂着肚子,右手拿着笔,一支腿屈在椅子上,半蹲半坐,不停地写着写着。《大众字典》还未完成,王春就去世了,年仅44岁。他是为革命、为大众累死的。

  王春是宣传思想文化战线的光辉典型和榜样。他以手中的笔为武器,坚定地、始终不渝地宣传毛泽东思想,宣传党的路线、方针、政策,与赵树理共同闯出文艺大众化的广阔道路,下决心向封建文化夺取阵地。他对宣传文化做出了大贡献。今天,习近平总书记要求宣传文化战线举旗帜、聚民心、育新人、兴文化、展形象,王春不就是活生生的榜样吗?

(作者系中国赵树理研究会会长,原晋城市委常委、宣传部部长)

乡村变革的文化权力根基(节选)
——再读《小二黑结婚》与《李有才板话》

程 凯

1947年,"赵树理方向"的提出使赵树理从一个根据地的大众文艺作家被树立为解放区文学的代表,乃至"新的人民文艺"方向。其时,无论周扬、陈荒煤还是郭沫若都褒扬其作品充分表现了解放区农村和农民的"新"。不过,征之赵树理的前期创作,《小二黑结婚》《李有才板话》以及《李家庄的变迁》均写新政权下落后村的转变。其笔下的"新"非纯然的新,是以"旧"为底色的"新"。此由"旧"向"新"的转变固然系于新政权的政治机能和群众工作,但进一步讲,新因素能够发挥作用尚需特别嫁接在乡村原有的价值、伦理、组织与活力基础之上。就此而言,赵树理对于乡村变革中由"旧"转"新"的条件、途径、方式以及"新"的根基有一套自己的理解。这套理解既与同时期共产党的乡村革命实践有高度契合,又与之有不易察觉的区别。因此把握他视野中的"新"与"变",尚需还原"方向"提出之前赵树理一系列文艺实践中的问题脉络与针对性。它尤其关联着赵树理所身处的太行根据地在政治实践与文艺实践上的摸索。

一、落后与通俗

赵树理独特的通俗文艺实践开始受到重视并发挥越来越重要的

作用,与1941年后根据地政治实践的变化有着联动关系。这一时期,共产党开始逐步调整乡村治理方式,大规模发动减租减息,推行"合理负担",推动乡村政权与社会改造。其政治实践越来越强调对固有乡村社会政治、经济、社会关系的触动、改造,并经由深入"发动与组织群众"创造一种新的政治、经济、社会、生活形态。同时,这一阶段又是共产党借整风运动和群众运动,大力推行群众路线,建立新工作方法的时期。赵树理的创作在问题意识和方法上及时回应了这一系列转变,使其作品具有了成为"群众路线"在文艺领域内对应物的资质。

在深入发动群众、摸索群众路线的过程中,群众的落后性成为革命政治越来越需要正面处理的对象。像1941年黎城的离卦道暴动就促使根据地领导人意识到"具体了解落后群众"之必要以及过去的大众化运动之不足,因而提出:"不为过去大众化运动所局限,要深入农村,了解农民,打破形式主义和局限于机关文化的机关主义,要使文化成为大众——首先是农民大众自己的文化。"以往,新文化人主导的大众化运动多诉诸建立民革室、乡村俱乐部等方式。这类机关化的、按部就班的文化普及工作未尝不能产生正面效用,但也易于沦入事务性的做,且固于小学教员、乡村知识分子的圈子,而绝缘于不识字的大众。因此时任边区政府主席的杨秀峰在1943年文联扩大执委会上曾有针对性地提出,乡村文化的主导权需从乡村知识分子手中转到群众文化领袖手中,因为"一个真正的群众领袖,他说一句话,群众是非常拥护的,有时比我们说上好几次,还来得有效。这样的领袖,文化水平虽不高,但我们倘能不断加以培养、提高,他们在群众中所起的作用,往往是惊人的"。

这里,看重群众文化领袖对应于重视乡村原有的组织基础。不难理解,在乡村社会中,除了那些按上级要求建立的各种农救会、青救会等组织之外,真正在政治、社会、经济、生活层面起作用的是一些前现代色彩浓厚的团体、帮派,它们或依托宗族关系,或诉诸民间宗教、民间信仰。同时,乡村自发的文化活动也往往起到联合、组织的作用。外来势力、乡村政权要发挥作用均需依靠这些结构性力量。这些团体、帮派联合产生出形形色色的领袖,其中不少是旧势力的遗存或勾结,但也有不少属于底层群众自己的领袖和带头人。杨秀峰提醒大家注意的就是这部分人。这部分人当然不会天然处于理想状态,甚至因其文化落后更容易被旧思想、旧习气所左右。不过,从共产党的角度讲,群众的落后性是一个可以被转化的力量。因为群众的落后是被动的,被理解为受压迫、受蒙蔽的结果,越落后意味着被压迫越深,同时也就预示着一旦觉悟产生的反抗力量越大。

只是,能有效调动这种力量的前提在于正视此种落后,而非以主观的光明遮蔽、忽视这种落后。如杨秀峰文中所说,"了解群众"特别要"了解其隐藏的、没有暴露的一面",即"旧的封建思想与敌伪的有害的奴化侵略思想在群众中所起的影响"。这种了解"不是广泛地去了解",尚需"选择群众运动开展最深入的地区去了解"。这里值得注意的是,了解群众的落后面与深入展开群众运动是相辅相成的关系:"了解"不是静态的了解,而是在新旧的碰撞中了解。同时,正因为群众运动有深入的必要,客观地、耐心地了解群众必须成为前提,否则群众运动就流于灌输与包办。这意味着,越是群众工作深入的地方对群众的落后性了解、挖掘越深,越了解群众的落后性越产生深入群众工作的动力。

长期自觉从事大众文艺实践的王春和赵树理正是在有效展开群众工作的意义上一再重申通俗文艺的核心作用。以往对通俗文艺效用的理解是利用通俗形式可以更有效地传达"新",使革命的、新的意识渗入民众底层。这其实还是一种自上而下、自外而内的通俗意识,蕴涵着一种等级差别。可王春、赵树理等人基于群众工作所产生的通俗意识是自下而上的,就是说,首先要深入把握群众意识被旧思想、旧文化所决定的状况,才能产生深入群众工作的途径。就此而言,群众的旧思想、旧文化不是一种固化、静态的存在,而是要革命者以其主动态度去把握、深入的现实,并在同样的文化层次上找到与之争夺的方式。左翼思想传统中当然也强调群众意识是被旧思想、旧文化所决定的,但对这种决定的认识缺乏一个主动理解的机制,导致对它的不断确认。这种确认设置了新旧的截然对立,并因为其确认实际上强化了旧的决定性,因而其立场往往是坚持用新文化与之对抗,将后者排挤、清除。这样一种直接诉诸对抗与教育的方式不免使它将旧思想、旧文化本质化,难以深入其肌理,调动旧传统原有的活力、动能向新思想、新文化转化。对照之下或许可以说,赵树理等人实践的通俗不是教育式的而是转化式的。

左翼文化人的群众文艺工作基点是要以"新"带"旧",乃至以"新"抗"旧",因而视赵树理式通俗的危险在于以新化旧不成,反而新的会被带成旧的。可是对王春、赵树理而言,左翼文化人尚未能充分认识旧的,也就未能把握群众的现实,其文化工作只能"浮在上面",不能真正作用于群众。

赵树理在1942年元月召开的太行区文化界座谈会上拿着迷信读物、唱本批评新文艺的故事已普遍为人所知,而王春在1946年的一篇文章中称在群众精神的市场上"'天下'确实大部分还是人家的"。他将一般笼统称之的封建迷信思想做了详细分类与分析:作为总的思想指导原则的,是"听天由命,安分守己"、命运、报应,"这种东西,曾经阻碍过减租运动,阻碍过翻身斗争,甚至阻碍到抗日动员"。其次是阴阳禁忌,"这更厉害,因为它是人民日常生活行动的总顾问"。第三路是巫神,可分为驱邪斩鬼的法师和装神弄鬼的巫神两种。第四路是教,也分两派:一派是秘密结社,"常被野心家利用来起事";另一派"是所谓'纯良'的'善教',不牵涉政治,专宣传迷信",其"'经典'浩博,'善书'满车,好比《老母家书》之类不下千百种!其在人民精神上危害之烈,实不亚于有形的枪会、拳会"。第五路是卜,为"骗子集中的大阵地","书籍汗牛充栋,家数千差万别","操着给人民'指引明路'之权"。第六路是"高等"地讲《东方朔》《推背图》,老百姓"谁见了也不得不起敬请教"。此外,再加上《二十四孝图》,宣传三纲五常、皇图永固的说书、唱戏,标榜"安分守己"而为青年爱好的小唱本,实用手册式的《万事不求人》。这些形形色色、从低到高的封建迷信思想"是一张千经万纬的网",群众在这个网子底下罩久了,"人民的错觉发生了,就会以为这是'自己的东西',就拿着不放"。就此而言,"打这个敌人比打日本帝国主义还困难"。

  认清现实的目的在于确认工作从哪里着手:"切实知道'悲惨状况'悲惨到什么程度,这才会改变不屑于齿及'一个茅坑'或一本《宣讲拾遗》的高贵态度,而把所谓'民族''民间'之争、'长行''短行'之辩推开一点……"在此意义上,王春理解毛泽东思想在文化上的根本作用就是"第一次解决了中国文化运动与中国人民生活相结合的问题"。他特别强调毛泽东号召下的陕北经济、文化建设活动不是宏伟的五年计划之类,而是"每村一个货郎担,每家一个茅坑"之类的"十一运动"。"我们过的就是这现实,就只有从这里做起,而且并不怕人笑话就要拿出来。因为这才是实践中国革命的办法,这就伟大。"与此配合,衡量进步、提高的坐标、尺度也不能脱离原有基础。所谓翻身、翻心,在他看来并不意味着某种对革命目标的自觉认同,而更体现在对原有思想束缚的挣脱与原有体系的失效、失信:"我认识家乡阴阳先生的两大家系,一家姓卫,一家姓马。这都是祖传龙虎山灵符、阴阳两宅精通的名手,然而现在不只群众没人再去找他,连他们自己也变了:姓卫的家族中的一个,成了太岳区的文教工作英雄;姓马的家族中的青年,有的为革命牺牲于蒋阎队伍之手,有的在这里做政府工作。阴阳!好不平凡的概念!老百姓竟然解除了这个束缚,垒牛槽竟敢不再去选吉日,这怎么不是天翻地覆的大事情?"

细读王春的文章会发现他在文中描述了前后两种决定性:一种是封建迷信思想"千经万纬的网"对群众思想的决定性作用,一种是群众摆脱这种束缚对翻身、翻心所起的决定性作用。他将这两种决定性表达得相当充分。问题在于,如果前者的决定性是一种绝对束缚的话,如何能发生后面彻底的转变。换句话说,在这样的描述中,看不到"变"的过程、条件与逻辑。王春前面对封建迷信的描述中,勾勒了一个民众的精神世界,其构成既有别于现代思想,也不同于传统读书人的思想。而当这样一种特殊的思想世界变化时,难道不也会有其自身的逻辑和方式吗?这种思想变化不可能是知识分子式的思想转变,那它的条件、逻辑又是什么?王春有意回避了对这一过程的描述,而只呈现了其结果。这或许让人意识到,这样一种转变不是一种"(思想)过程式"的转变,而是一种根据形势变化而做的调整、选择。原有的迷信思想不是被意识性地克服了,而是在这种选择中被抛弃了。"因为蝗虫可以打绝,所以蝗神庙没香火;因为旱灾真能度过,所以再不见祈雨的行列。"这里强调的还是实际理性对迷信的克服,但实际上的对应关系可能并不那么直接,也就是说,旧体系的失效并不只是一一对应地起作用,其失效是连带性的失效,且这种失效也未必是彻底的铲除。

由此我们可以回过头去质疑王春所描述的那张"千经万纬的网"对民众思想的束缚是否真那么绝对,这个决定性本身的强调是不是恰好是新文化知识分子为之赋予的色彩。而实际上,这些体系究竟如何作用于民众是更值得考察的问题,它也影响着民众转变的方式。赵树理早期创作的认识意义就在于他以作品的方式融及、呈现了这种属于民众的、特殊的精神作用方式和转变逻辑。这些恰在一般革命叙述中是难以传达出来的。

二、转变的逻辑

赵树理的成名作《小二黑结婚》的一个突出主题是破除迷信。小说的另一条线索,即村中旧势力把持政权干涉自由恋爱在原型事件中是造成悲剧的主要因素,但在小说中却被处理得颇为简单,特别是矛盾上交区里后,只做了几句简单的交代——"区上早就听说兴旺跟金旺两个人不是东西,已经把他两个人押起来了"——即将这条线索轻巧地推向背景。这种处理在我看来并不如现在的一些批评者所言是一种"青天模式",而出于作者写作此小说的重点不在乡村政权改造层面。作者在《金旺兄弟》一节交代村政权被恶势力把持的来龙去脉以及最后补上斗争金旺兄弟的斗争会,都使其构成一条完整线索,但整部小说的焦点设定不在这个情节链上,而在小芹与小二黑的自由恋爱。然而,读过小说的人都会感觉到整部作品的重心并非小芹与小二黑的恋爱故事,这两个主角和他们的关系在作品中是以"事"的方式展现,并未进入"情"的层面,所以小芹与小二黑的恋爱在小说中起的是一个焦点的作用,是从阻挠其自由恋爱的角度呈现、揭示这个村落中存在的种种支配性势力。把握政权的恶势力固然是其中最醒目的,且为引发正面冲突的因素,但按照作者的设定,这种政权为流氓把持的"落后状态"不足以产生"典型性",也就是说,只有特殊性,不具普遍性,所以它的解决是一种处理式的、背景化的解决,它一旦超出村落就不构成真正可展开的矛盾。这种处理方式的要害在于让它不变成针对政权的揭露式、批评式作品,而具有一种"柔和性"。这固然与作者对根据地政权状态的认定有关,但更与作品的基调设计有关。从原型案件到小说,重心从被害人、凶手转到二诸葛、三仙姑两个喜剧人物身上,是这部作品对现实加以转化的关键所在。

我们看,恰好因为金旺兄弟的阻挠被轻巧地处理掉,才使得二诸葛、三仙姑的阻挠突出出来。而他们本来是小说的重心所在——小说以他们的事起头,中间经历了金旺兄弟的插入,随着金旺兄弟退出,他们再度占据前台,做了充分表演,构成作品的华彩乐段,最后以他们的转变收尾。两个恋爱青年的父母之迷信在原有案件中并不构成突出要素,但在小说中却形成一条主脉。这一方面有助于增加喜剧因素,但更重要的还在于封建迷信思想构成另一种支配性力量。如果说金旺兄弟代表村庄里的一种显性支配力量的话,那么求卜问卦、装神弄鬼则是一种隐性支配力量的代表。这在前述王春的文章中已讲述得很清楚。可以说,赵树理的这篇小说与王春的文章有共同的出发点,即对于改造旧乡村而言,取得政治支配权尚不足以达成目的,更重要的在于扭转其思想文化支配权。

不过,赵树理通过作品所构造出的迷信思想在乡村中的状态和转变方式与王文有值得分辨的差别。王文特别强调了"千经万纬"的迷信之网对民众精神、言动的束缚,为了强调民众精神的"悲惨状况",使得这种束缚也带有了一种绝对性色彩,但赵树理在小说一开始讲述两个"神仙"的故事时就充满了对这些迷信活动的调侃。这种喜剧性的破除,不单是作者的赋予,它更基于民众自身的态度。换句话说,民众对于诸多民间信仰、迷信活动的态度是信中有不信,或者说可信与不可信之间可以并行、交换。

二诸葛不宜栽种的故事体现农民以实际理性对过分相信课卦的调侃,而米烂了固然暴露了三仙姑的下神实为装模作样,但于扮神之际不忘照顾家务,其实又是一种乡民很可理解、原谅的生活常情。因此乡民对他们的嘲笑不能过分理解为批判、否定,甚至"嘲笑"这个词儿都显得有些重,它准确地说是一种有人情味儿的打趣。似乎大家对这些融入日常生活细节的迷信之真假、出入有一种心照不宣的宽容。它们不是对生活的绝对控制、压迫,而是生活的延长,乃至自身也被置于日常生活的常情、常理中加以衡量。因此作者特别在《三仙姑的来历》一节追溯了她下神与其生活需求的关联。从中可以看出,其迷信活动不但不是对生活的约束、压迫,反而是其扩大欲望、生命力的一种堂而皇之的途径。扮神对三仙姑而言,是借此拓展她在乡村社会中的能量,从而使她获得某种超出常规的特权和自由空间。她那种醉翁之意不在酒、以扮天神招揽青年的行径,似乎因为罩上了下神的外衣而为大家默认,但后果是她在日常生活中越来越脱离正轨,日显"妖气",及至与女儿争风吃醋的程度,已有些走火入魔了。从乡民基于实际理性与常情的标准看,二诸葛、三仙姑之可笑不在于其占卜、扮仙,而在于其超出合适尺度的"迷"与"迂""妖"与"泼",但这些尚属于"可接受的不正常",甚至可视为必要的调剂。

不过,进一层,二诸葛、三仙姑在村里固然被视为喜剧人物,但仍有其威势,这基于占卜、扮神在乡间的固有权威。当三仙姑扮神逼小芹与吴先生成婚时,小芹置之不理,于福这个老实后生却紧着"跪在地下哀求"。值得注意的是，小说把占卜、扮神写成父母干涉自由婚姻的一种手段。换句话说，迷信作为一种形式并不是单独成立和发挥作用的，其威势和被接受均因其依附乡村固有的法则、伦常，而婚姻自由这个焦点事件背后呈现的是新旧两种法则的冲突与争夺。只是赵树理不直接写这两种法则的冲突，却拉出一个迷信的层面来入手。从反迷信入手的功能在于：迷信是依附旧法则的，但它又是旧法则的派生物中更不合理的一种形式——所谓迷信、民间信仰常常是主流宗教的各种杂烩和简陋形式——这种形式固然有时强化着旧法则的权威，有时却因其邪、不近情理或简陋而沦为乡民调侃的对象，大大降低了其权威性。这意味着，在新旧法则的冲突中，迷信或许不但不是旧法则的帮手，反而是其软肋。

当然，在实际生活中，状况可能相反，迷信活动会加强旧法则的权威，使新法则的推广困难重重，但赵树理着意打造另一种基于乡村现实的可能性：即旧法则因为与迷信绑在一起而失了理，新法则因为反迷信而占了理。它的现实基础是乡民对迷信活动所持调侃态度中蕴涵的自由空间与翻转可能，只是乡民的调侃并不会自动转成对旧法则的否定和对新法则的肯定。这样一种正面冲突需要在一个不依赖于乡村伦常、法则秩序的空间中展开，因此小说中矛盾的解决转到了区公所这样一个新空间中。区公所代表的新法则及其权威性，当然使得新理对旧理取得了绝对性胜利，占卜、扮神完全没有了施展空间。但如果小说只写了区公所里新法则的胜利，则这种胜利只是外在的，且只限于"事"上的胜利，而不能进于"理"的胜利，因为它不能对乡村的"理"产生辐射性影响。恰如二诸葛要区长"恩典恩典"背后蕴涵的意思："女不过十五不能订婚，那不过是官家的规定，其实乡间七八岁订婚的多着哩。请区长恩典恩典就过去了……"这里面包含着官家与乡间、法理与情理的对立。二诸葛显然认为前者不能完全作用于后者,官家的法虽然不同,但乡间还要按老规矩办。他当然无意挑战官家的权威,却又按照旧习惯将官看成可以讨价还价的对象,只是他认为得理的基础"命相不对"在新法理面前完全不起作用,反而削弱了他的声势。

相比教育二诸葛时以理对理的"硬",三仙姑的转变突出了"讲理"之外另一种"软"的机制,就是大家的"看"。这种"看",一方面来自陌生人的眼光,另一方面其实又同样是普通乡民的打量。这种打量既是外来的,又不是外来的,准确地说,它是对一种乡村固有常情、常理的强化。三仙姑的"妖"因其长期置于熟悉的环境中而获得一种习惯成自然的存在余地,但这种"可接受的不正常"在陌生人眼里瞬间变成了取笑对象,而三仙姑就在这种陌生人的取笑眼光中瞬间失了势、破了功,她之前信心满满的理、势、功都变得不堪一击。"半辈子没有脸红过,偏这会撑不住气了"——这颇像一个新文学传统中熟悉的"觉悟"瞬间:没有主体性的、被约束奴役的精神主体在一个时刻获得超出其惯性状态而审视自我的契机。它通常导致两种延伸:或者如祥林嫂的追问转化成现代人的自我质疑,或者如丁玲小说《新的信念》中的老太婆实现一种自我解放和翻转。但在赵树理这里,三仙姑的羞愧并没有产生脱离、超越乡土社会的后果,反而是让她恢复了乡村社会要求的"正常"。回到村里,她"对着镜子研究了一下,真有点打扮得不像话",由此"把自己的打扮从顶到底换了一遍,弄得像个当长辈人的样子",撤了香案,不再装神弄鬼。

这里的转变被处理得相当自然,几乎是一种无冲突的转变。它的基础恰恰在于三仙姑原有迷信活动中几重因素就是依据一种生活逻辑耦合在一起的,下神也好,家长的支配权也好,老来俏也好,都不具备超越性，也就不具备抵抗性。赵树理这里写出的转变是一种基于前现代情势的转变，它与传统乡村中理、势、情、德几重法则的组合作用方式相关。他抓住破除迷信这个环节来设计、描写乡村的由旧转新，恰好因为迷信所诉诸的文化、精神、思想层面有一种根基性和辐射性。迷信某种程度上可以视为一种特殊的文化权力，它对乡村、乡民固有的伦常、法理、信仰、生活有一种再组织和转化的作用。一定程度上讲，民间宗教、民间信仰既使得乡村落后之为落后，也是其活力之为活力的来源，如三仙姑这种人以及围绕她的聚集、打趣正是乡村一种活力的表现。因此借由破除迷信，一方面可以去除乡民思想、精神上的桎梏，另一方面也有可能转化乡村的活力。王春在前引文中所举的例子，即那些风水世家转变为文教工作英雄恰在这一脉络上是有迹可循的。这种转变对乡村自身而言，与其说是翻身、颠覆，不如说是某种去弊、修复与再生。

（原载2016年上海书店出版社出版的《"延安文艺"研究读本》，作者系中国社会科学院文学研究所研究员）

心中的丰碑

——追寻王春的家国情怀

李锁江

　　王春,中国共产党的优秀党员,新闻出版家、文艺评论家、语言学家,新中国新闻出版事业的创始者和奠基人之一。

　　中华人民共和国成立70周年之际,我一遍又一遍地读着写他的文章和他写的文章,隔着时光厚厚的尘埃,翻阅着一篇篇拨动心弦的历史篇章,王春身上那依然鲜活的家国情怀,开始在眼前慢慢浮现……

　　王春的出生地山西阳城,古称濩泽,素有"先秦王畿,上古帝辅"之称,境内的析城山——昆仑丘是中华文明圣地之一。抗日战争时期,这里是晋豫边区的核心地带,老一辈无产阶级革命家朱德、彭德怀、邓小平等多次莅临指导工作,八路军115师344旅痛歼日军的町店战斗名垂青史。解放战争时期,这里是太岳区党政军首脑机关所在地。全县先后有1.6万余名青年参军入伍,4万多民工离乡支前,3.7万多民兵远征晋豫各地,1636人为国捐躯。这是一块用鲜血浸染过的深情而又无畏的土地,也曾是王春为国、为民抗争和奋斗过的地方。远古的人文资源、近代的红色基因以及蕴藏于民间富有勃勃生机的家国情怀,早已凝结成一股强劲的灵动生命之血。阳城这一方水土哺育了他、滋养了他,在阳城建党初期,王春的地位与作用值得铭记,《中共阳城县组织史》在介绍王春时曾说:"在大革命时期入党,后又在阎锡山大肆'清党'中失去组织关系的王春,1937年10月由要崇德、桂承志介绍重新入党。同月要崇德、桂承志、王春、茹玉珍又分别介绍张平、王永盛、曹戎、李尔俭等一批知识分子在阳城首批加入中国共产党。"他从这里走上了革命道路,是一个我们应该正视的、富有个性特色的革命前辈。

王春身为贫苦农家孩子,却是一个名副其实的书生,他的人生经历也印证了这一点。从神童到山西省立长治第四师范的学潮领袖,又到《黄河日报》(路东版)主编,再到新大众报社社长,最后在工人日报社第一任社长任上离世。王春是怀着"天下兴亡,匹夫有责"的书生志向,沿着书生道路一直走下来的。受过几千年中华文明浸润的中国文化人,并不缺乏家国情怀的教育,然而能像王春这样在44个春秋短暂的一生中,用自己的生命和手中的笔对家国情怀给以全面、透彻诠释的还是不多见的。

终其一生,王春始终是家国情怀的践行者。他以文化宣传为武器,以一位共产党员的立场、情感战斗,留下了中国共产党人对家国情怀的表述。

王春的家国情怀,首先表现在他讲信仰、政治强,善于从政治上看问题,在大是大非面前保持政治清醒。青少年时期所经历的磨难和抗日、解放战争时期的磨砺,使他一生对党怀有深厚的感情和无比忠诚。抗日战争时期,王春曾任华北新华书店总编辑,书店不仅仅是一个发行单位,而是晋冀鲁豫根据地统一的出版发行机关,直属中央局宣传部领导。在王春等人的主持下,他们编辑刊物、出版图书,为解放区的文化建设立下了汗马功劳。配合整风运动,出版了《反对自由主义》《整顿三风文件二十二种》《思想方法论》等政治读物,还出版了赵树理的《小二黑结婚》《李有才板话》、章容的《吴满有》、欧阳山的

《高干大》、苏联的《日日夜夜》《宁死不屈》等文艺读物。这些读物的出版受到了群众的普遍欢迎,许多至今仍是流传于世的不朽名著。1948年,王春还领导、组织编辑出版了《毛泽东选集》(晋冀鲁豫中央局版),受到了中央局通报表扬,使《毛泽东选集》成为领导干部必读的党内重要文件。中共中央《毛泽东选集》编委会曾在《中共党史研究》撰文指出:"建国前各解放区共出过三种《毛泽东选集》。其中按年代顺序编辑、篇幅最多、内容最丰富、装帧最美的是晋冀鲁豫中央局出版王春主编的《毛泽东选集》。"王春根据时势的变迁还用季首、王千秋、胡启明、王纪春、君瑜、随时抄、蔺时抄、甲丁、甲田等笔名,著有《重庆的喜剧》《愚公移山》《美国侵华史话》《写作零谈》等,并在抗战刊物《抗战生活》《华北文化》上开辟了《古今谈》《读书笔谈》专栏,经常发表文风泼辣的杂文、史论和短评。他的文笔十分犀利,一语中的,有的同志把它概括为10个字:"明确、尖锐、流畅、简练、通俗。"他对发表的文章从形式至内容,都要求得十分严格。他说过写一篇文章要有所作为,要有目的性,拥护什么,反对什么,必须明确;没有目的性的文章不管它形式如何优美,辞藻如何华丽,结果都是无病呻吟,浪费人民的纸张。他反对那些生吞活剥的欧化句子和大众不懂的词儿,提倡文章要写得让读者看得懂,看完了受感动。在编辑出版工作上,他对内对外一个样,一把尺子量到底,坚持质量第一,反对粗制滥造。有一件事王春当年的同事多年后还念念不忘:当时,在毛泽东发表《新民主主义论》后,有一本解释《新民主主义论》的书,比《新民主主义论》还长,而且难懂得多。王春他们就坚持不出版。王春在自己总编辑的岗位上恪尽职守,没有在书稿质量上松过口,在反对党八股上竭尽全力,充分反映了一个共产党人的党性原则和对党的文化出版事业的严肃态度。"广其学而坚其守,存一息而不堕志。"王春坚定的信仰,来源于他既是毛泽东思想笃定的信仰者,也是毛泽东思想坚定的传播者,更是毛泽东思想忠诚的践行者。

王春生于农村,长于农村,长期从事党的文化工作,经常深入基层,对老百姓的心理、情感、意识、思想行为方式、生活习性了如指掌。多年来积淀在潜意识中的记忆,使其与老百姓息息相通。这一切都注定了在抗日、解放战争时期的历史语境中,他能够处处想到老百姓。1933年,他读了赵树理几篇未完成的通俗小说,引起了他提倡大众文艺的动机,写了一篇理论性的文章说明其重要性,虽然没有找到发表的机会,但自那时起,他的兴趣就转到了这一方面。1939年,他担任《黄河日报》(路东版)主编时曾约赵树理编辑副刊《山地》,"便把多年的理想化为事实——其中形式上鼓词、快板、童谣、故事等无所不包,而总的政治内容以发动人民抗日、揭穿阎锡山反共反民主的阴谋为范围。那时的小报与任何报纸的面貌都不一样,贴在各县城的街道上,凡认得字的人都愿看看,往往弄得路为之塞"。到了1946年,太行山文艺界曾有人说王春、赵树理等提倡大众文艺者有门户之见,王春便将延安所出《解放日报》和能收集到的地方报上登载的合乎大众化的短篇小说选了三个集子,以证明提倡并实际写大众化文艺作品的人都不谋而合,而绝不是王春、赵树理等提倡大众文化者要树立什么门户。按照赵树理的说法:大众文艺,只是王春注意力集中的一个部分,实际上他全面关心的是大众文化。比如王春主张出薄书,几千字的、一万多字的都出单行本,几分钱、一二合米就可以买一本,深受群众欢迎。再比如王春去世之前,仍忍着病痛编写《大众字典》,已写成的文稿浅显易懂,各尽其义,的确是群众学文化的一部很好的工具书,可惜才写了一半他就病故了。

关注时代,关注社会,从实践中发现问题和解决问题,是王春家国情怀又一具体表现。王春是抗日、解放战争时期太行山上颇有名望的评论家,当年他所发表的《继续向封建文化夺取阵地》《斗争怎样才算彻底》《理必说清　事可活办》《谁不给谁出路》《掀开"思想防空洞"》等政论性的文章,他都是光明磊落地把问题摆在读者面前,然后有根有据、有板有眼地分析发生问题的原因,并中肯地提出自己对解决问题的意见和措施。在《理必说清　事可活办》一文中,他以普通民众的身份提出了当时老百姓关心的翻身运动中的一些问题,然后又把提出的问题分为两类,逐类用群众的语言、现实中的例子,有理有据地娓娓道来,把道理讲得明明白白。在他的文章中,每当提到问题,总是把讲政治放在首位,用真理引导群众。在《斗争怎样才算彻底》一文中,为了对某些同志在"土改"中存在的一些糊涂思想,给以一个彻底澄清,他把一些青年同志在学习中提出来的一些问题,摆到桌面上,从政治和经济两个方面举出实例进行分析,最后他给出的意见是"把我们的立场换一换,从同情地主那一面换到同情农民这一面来,从追问'斗争怎样才算彻底'换到'怎样才能叫群众彻底翻身'这一面来"。他告诉大家:"这么换了,不但对看问题会看得更接近真理一些,而且对自己也有好处。"文中虽然也讲到了政治、立场、观点,但说的是群众的话,摆的是身边的事,道的是懂得的理,没有一丝一毫的大话、空话、套话。读王春的文章总使人觉得深受启发,对以前一知半解的问题总会有豁然开朗的感觉。

出于对老百姓求翻身、求解放的期待,王春作为中国共产党早期培养的文化人、评论家和新闻工作者,始终把"从群众中来,到群众中去"作为汲取养分、丰富思想的重要途径。1946年,王春从许多群众受反动会道门蒙骗参加暴乱事件中,看到群众文化宣传工作严重脱离实际的缺点,在晋冀鲁豫边区文联的大型综合月刊《北方杂志》创刊号上,发表了《继续向封建文化夺取阵地》的文章,进一步强调用革命通俗文艺取代封建文化的重要性和必要性。从这篇文章中可以清楚地看到,王春对封建文化的根底摸得清清楚楚,对其危害性看得明明白白。说到箍着群众脑袋的封建文化和老百姓的文化生活实况,他拨着指头一一数来,头头是道;对于老解放区在思想文化上翻身的典型事例,他如数家珍。他从在太岳区偶然碰到的一个过去相识的"安分守己"的农民,后来是村农会主席的口中听到了农会领导群众斗恶霸分田地,根据的既不是"天命",也不是"果报"的旧思想,而是"下力地挑起大粪扛起镢,整刨一年还是没有自己的,收租的平睡还嫌不舒服,还要把两脚朝天伸懒腰,但地却都成了他的,这就叫不合理。叫恶霸退地,叫穷人种地,这就是合理"。老百姓有了这样的思想变化"才算是摧垮了'听天由命'的观念,拿真理取而代之"。他认识的家乡阴阳先生的两大家系中,有的成了太岳区的文教工作英雄,有的为革命牺牲于蒋阎队伍之手,有的在边区政府工作,有的由巫神变成劳动英雄。从这些深受封建文化毒害的家族和个人的转变中,他看到了新旧社会的巨大变化——简直一个是在愚昧黑暗的深渊里挣扎,一个是在光明自由的天地中生活。从实践中他充分认识到,"人民的思想解放,这是如同打倒日本帝国主义的大任务",完成任务的唯一办法,就是承认现实,脚踏实地地照毛泽东思想做起,好高骛远确实用不上。读王春的文章,总会看到他对问题具体清晰的论述,而这个论述丰富多彩,有血有肉,是他通过深入基层,把从群众中得来的材料加以去粗取精、去伪存真,由此及彼、由表及里的思索而得来的。

王春虽然是一个以笔为枪的文人,但却是一个典型的"以国家民族为生命,置个人生死于度外,视国家兴亡为己任"的忠烈之士。他总是孜孜不倦,把全部心血都倾注在自己钟爱的编辑出版工作上,终因劳累过度患肝癌于1951年12月30日在北京医院逝世,时年仅44岁。得知王春去世的消息后,他的同事和朋友们悲愤难抑,写下了一篇篇真情流露的挽文,痛心地称他是"出版战线早逝的英才""文化战线鞠躬尽瘁、死而后已的典范"。著名作家老舍说:"……他是个可爱的人。……他做事也负责任,求他看文章,他不但提出意见,而且仔细斟酌,代为改正。……他是坚守岗位、以身殉职的文艺工作者。"在他去世前一个星期,他的同事苗培时和章容到北京医院去看他。那时他的病情已经很严重了,腹部疼痛难忍,脑门上豆大的汗珠不停地往下滴,看望他的人都能隐隐地感觉到他的病情不大好,但他还能硬挺着不停地说东道西。这时医生叫他去照片子,他还能自己下了床,站起来,披上衣服,然后坐上车子到 X 光室去。他去世后,同事们看到他的病历时都十分心疼和惊讶:他除了肝癌以外,还有肺病、胃病、十二指肠溃疡等。胜利后进京了,他本来可以好好休养一个时期治治他的病,可他仍然是毫不在意,又精力旺盛、认真负责地投入工作中,不论白天黑夜,不管肝胃疼到什么程度,同事们常常看到他左手捂着肚子,右手拿着笔,一条腿屈在椅子上,半蹲半坐,不停地写着,一写就是十几个钟头。在他去世的前几个月,他为了帮助解决工农兵学文化的问题,着手编写《大众字典》,往往面对着一个字坐半夜,好像一个老和尚坐在那里参禅悟道,有时候则乱打电话找人问计。每当想起这些往事,不能不说王春是一位为国家、为人民鞠躬尽瘁,不懈奋斗的光辉典范。

  斯人已逝,精神永存。当我们盛赞国家繁荣昌盛、百姓幸福安康之时,最不应该忘记的就是千千万万个像王春这样不忘初心与使命的先烈。王春与他的战友们用鲜血和生命铸就的太行、太岳精神,同井冈山精神、长征精神、延安精神一样,已经成为中华民族精神的宝贵财富。王春追求真理、实事求是的朴素情怀,情系百姓、服务人民的精神风范,秉笔直书、仗义执言的革命气节,鞠躬尽瘁、死而后已的忠烈之志,将永远激励我们,勇于担当,甘于奉献,在新时代的长征路上做出新的更大的贡献!

(作者系阳城县委原常委、宣传部部长,阳城县政府原副县长、县人大原常务副主任,现任晋城市赵树理研究会顾问、阳城县党建研究会会长)

鞠躬尽瘁为人民

——缅怀我的父亲王春

王小兴

父亲王春是中国共产党的优秀党员，党的老一辈新闻出版家、文艺评论家，新中国新闻出版事业的创始者和奠基人之一。他一生赤胆忠心忠于党，鞠躬尽瘁为人民，为我们留下了宝贵的精神财富。

一、父亲革命历程的回顾

父亲王春1907年12月30日出生于山西阳城县固隆乡东四侯村一个贫苦农民家庭，从小聪明好学。1923年以优异的成绩考入山西省立长治第四师范，入学后受五四运动和俄国十月革命的影响，思想进步，1925年加入共产主义青年团，开始从事学生运动。1926年秋天加入中国共产党，1927年当选为长治各校学生联合会主席。在党组织的指示下，他与常文郁、赵树理等一起领导了驱逐四师反动校长姚用中的学生运动，起草了七篇逐姚宣言。斗争取得了胜利，阎锡山下令撤换了校长。1927年，在白色恐怖中，常文郁、王春介绍赵树理加入了中国共产党。

1928年阎锡山下令在山西清除共产党，各地党组织遭到破坏。常文郁被捕后，父亲叫上赵树理离开学校，回家乡流浪，从此与党组织失去了联系。开始在阳城县做高小教员，后担任四区联合校长，从事国民教育工作。

1937年父亲在长治参加牺盟会,由宋乃德派往阳城担任二区牺盟会特派员。1937年10月,由县牺盟会特派员要崇德、老红军桂承志二人介绍重新加入共产党,先后任阳城抗日民主政府四区、二区区长。1938年后半年父亲调到晋城中心县委工作,担任牺公联委领导成员兼公道团团长。他积极宣传抗日救亡运动,培养了许多抗日青年,先后送王正、田正芳、上官多青等人参加八路军,他们后来都成为党和人民军队的领导干部。

从1939年到1951年,父亲长期从事党的新闻出版工作,先后任《黄河日报》(路东版)主编、北方局机关报华北《新华日报》编辑科科长,主要任务是编辑华北新华社和《新华日报》通讯稿及《抗战生活》,出版《中国人周刊》。1942年秋,经八路军副总司令彭德怀批准,调北方局党校调查研究室工作,并主编《华北文化》。1943年9月调华北新华书店,先后任编辑部主任、管委会主任、总编辑。1945年6月创办《新大众》,任杂志社社长。1949年2月随叶剑英进京,任中国人民解放军北平军事管制委员会委员、新闻出版部副部长兼新闻出版处处长,负责接管北平的报社和出版部门。1949年7月创办《工人日报》。1949年9月父亲列席中国人民政治协商会议第一届全体会议,于10月1日登上观礼台参加开国大典。

二、对父亲生活与工作中的一些记忆

(一)艰苦奋斗,廉洁奉公。从1945年5月到父亲去世,在享受供给制时期,为了度过困难,父亲的衣服鞋袜都是将供给他的棉布领出来,由我母亲量身制作。母亲在机关是有名的巧手,当时机关大部分干部都是单身,她一年四季要帮大家缝缝补补、拆拆洗洗的活很多。1946年,晋冀鲁豫边区政府要求精简机关供给制人员,母亲率先提出取消自己的供给,将父亲一人的伙食标准领下来,在自己家里起灶,做农村老家的饭菜。有时还到山上挖一些野菜下饭,味道清淡,有干有稀,一人的饭费三个人吃,过得还挺舒心。1947年6月13日,《人民日报》以《新华书店暨建华公司大部分干部家属响应号召,实行生产自给》为题,报道了这件事,报道中写道:"新华书店22位家属,自上级提出生产节约号召后,即努力生产自给,现已获得很大成绩。开始总编辑王春同志的爱人张君莲同志,首先提出从4月份起不领公家补助米,自己全部生产自给。她的模范行动推动了全体家属的生产热情……"直到父亲去世后,组织上才恢复了母亲的供给制。

(二)严以律己,宽以待人。1947年,华北新华书店出版发行历史学家范文澜主编的《中国通史》,范老托人送来两只公鸡,父亲把它送交机关大伙房改善了伙食,不让家属享用。父亲还给范老写了感谢信。1948年春,华北新华书店编辑出版了晋冀鲁豫中央局版《毛泽东选集》(上下册),中央局发给新华书店10万元奖金。父亲和新华书店领导班子决定:5万元发给印刷厂全体有功人员,分给编辑部、经理部有关人员,剩余的交大伙房给机关全体人员会餐一顿。事后母亲问父亲:"你得奖了吗?"父亲认真地说:"得了,在大伙房会餐了。"说完,他俩会心地笑了。

(三)热爱同志,热爱战友。父亲曾两次将心爱的军大衣送给同事与志愿军战士。1949年冬天,父亲把自己的军大衣送给了司机老宗,他说:"你比我更需要这件大衣,我在屋里开会,你在外边等,别冻着了。"多年后说起此事,老宗还甚为感动。1950年冬天,父亲把接收北平时军管会发给他的一件皮大衣捐给了志愿军。其实我一直喜欢这件大衣,心心念念想要来穿,可父亲说:"物用其所,你在北京,志愿军战士在前线冰天雪地里战斗,对志愿军来说,他们是最需要它的人。"

三、要学习父亲联系群众、为人正派、胸怀宽广、光明磊落的作风

父亲是个领导干部,但他平易近人,没有官架子。进京后,他仍和老区人民保持着密切的联系,从他们当中了解基层社情民意。他去世前,在北京家中接待了原武安赵庄的支部书记和老房东,并带他们去故宫、颐和园浏览。房东大爷说:"以后你们要常回去看看,别忘了我们。"父亲说:"八年抗战是太行山人民用小米养活了我们,忘了人民,就是忘本。"

1947年在武安赵庄,由父亲提议成立了华北新华书店职工学校,由编辑部陈今吾任校长,集中3个月培训了38个工农干部,父亲和赵树理、史育才、苗培时、胡体照等亲自担任教员,我和康文生、王永泰等也都参加了培训班,文化和政治觉悟都有提高。进京后,他十分注重培养干部,先后将韩三珠、李久文等送到中央党校学习,将陈瑞琳送入军干校培养。

父亲为人光明磊落,心直口快。他和赵树理、冯诗云、张诚、章容、苗培时、曲继武、彭庆昭、胡体照、于成、杨俊、邹雅、浦一之、刘大明、王华、高文明、史育才、王显周、张寿潭、杜毓云、李尔重、任仲夷等都是老战友。他们在一起时,几乎天天讨论问题,有时争得面红耳赤,思想上敞开心扉相互交流,生活上则相互体贴关照。

他和一批年轻的同志,如郭国涌、常守真、李纪芳、李琦、高汉英、

何家栋、赵德新、李书芹、王湘嶙、胡新森、陈霞飞等关系也十分密切，和大家下棋、散步、聊天，十分和谐，大家现在说起来也很怀念。

四、要学习父亲勤奋工作、敢于担当、勇于完成急难险重任务的忘我精神

华北新华书店从1943年9月至1948年5月编辑出版的书籍，据《中共太行史稿》一书中高文明同志的回忆有上百种之多、数千万字以上。这些书在抗日战争和解放战争时期成为广大党员干部、农村青年和前方作战将士丰富的精神食粮。先后出版了马克思、恩格斯、列宁、斯大林、毛泽东的各种著作，党的六大、七大文件，各种故事、小说、画册及青年、妇女、儿童读物，有赵树理的《小二黑结婚》《李有才板话》《李家庄的变迁》等，还出版了各种人物传记，出版的大部头有范文澜的《中国通史》，为党的宣传新闻出版事业立下了汗马功劳。

（一）书报支前。1946年6月，内战全面爆发。自7月20日中共中央发出《以自卫战争粉碎蒋介石的进攻》的党内指示后，截至9月底，晋冀鲁豫野战军共歼灭国民党军5万余人。10月初，晋冀鲁豫中央局书记邓小平在战役间隙从前线回到中央局所在地武安冶陶镇召开中央局工作紧急会议，邓小平特别指出前方将士急需大量书籍和报纸，改善部队的政治文化生活，并要求书店、报社组织图书报纸慰问前方将士。参加会议的父亲连夜赶回驻地，与赵树理、苗培时等商量，在新华书店和报社进行紧急动员，要求驻武安、涉县、邯郸、邢台、安阳、新乡、长治、晋城等各地分店迅速行动起来，捐书报、画报，并于10月15日在《新大众》第28期上刊登启事。新华书店和新大众报社干部职工率先垂范，父亲王春、赵树理等每人捐款500元，迅速在太

行、太岳山区及晋冀鲁豫边区掀起了书报支前的热潮。从机关干部到中小学生，从边区政府领导到工青妇工作者，从专员到马夫，人人捐款捐物，仅3个月就捐到冀南票350万元。报社组织了书报支前工作小组，由编辑苗培时等人组成，将书报送到晋冀鲁豫野战军司令部，受到了刘伯承司令员和邓小平政委、张际春副政委的亲切接见。晋冀鲁豫军区宣传部特来信致谢。按照前线部队要求，《新大众》报专门开辟了拥军专栏，采编前线战士奋勇杀敌的英雄故事以及解放区拥军的先进事迹。

（二）编辑出版《毛泽东选集》。1947年10月，父亲王春又接到了晋冀鲁豫中央局部署的一项重要任务——编辑出版《毛泽东选集》。天降大任于斯人也，父亲在抗战时期，就认真学习了毛泽东的《新民主主义论》《论持久战》等著作，深刻地认识到毛泽东思想对中国革命的伟大意义。接到编辑《毛泽东选集》的任务后，他异常激动，深感使命之重大，立即组织华北新华书店编辑部、经理部、发行部、印刷厂、后勤队，在武安冶陶镇赵庄村开始筹划，他自己更是投入夜以继日、废寝忘食的编辑工作。当时的赵庄村，是晋冀鲁豫中央局永兴印刷公司的车间所在地，工作地点设在依山的一排窑洞里，条件十分艰苦。设备也非常简陋，用的是手摇活动式排版、平版、整版，然后打纸型，等纸型晾干后整制，放在手摇的印刷机平台上，再印刷书籍。除了几位经验丰富的老工人，其他印刷工人都是十六七岁的年轻人。父亲常常和编辑们在煤油灯下，一干就是通宵达旦。而且还要应对国民党特务的骚扰与破坏，在最后一次编校结束后转移的第三天，一排四孔窑洞全部被特务放火烧了。《毛泽东选集》的样稿经三次校对，最后清样稿送父亲审读后签字。资料记载，据编辑人员统计，经父亲签字时画出来的错字共165个，除原稿上错的和父亲临时改动的87

个外,尚错78个,全书共1025个页码,除空白外,实数为1000个页码……书稿大样出来了,装帧怎么办?这时已被抽去搞"土改"的赵树理得知父亲告急,立即到他所熟悉的生产潞绸的高平县购回了红蓝两色的丝绸布料,精致的潞绸为《毛泽东选集》的装帧增色不少。在那样艰难恶劣的条件下,父亲带领同志们却印刷出了平装和精装两种高质量的晋冀鲁豫中央局版《毛泽东选集》。这套书,共收入毛泽东1927年3月至1945年8月的文章61篇,比1948年5月东北新华书店出版的《毛泽东选集》还多11篇10万字。该书经晋冀鲁豫中央局批准出版发行后,作为领导干部必读的党内重要文件。中央局宣传部向华北新华书店发来了表彰信:

王春、史育才、冯诗云同志并转新华书店诸同志:
  你们的编辑、设计、排版、制版、装订以及收集材料,为《毛泽东选集》的出版工作,均尽了极大努力,并取得了满意的成绩。这样工作精神的成果,应该得到党的奖励,除发放奖金10万元外,特再函告,希望继续努力!致布尔塞维克敬礼!

中央局宣传部办公厅
1948年4月3日

中共中央《毛泽东选集》编委会曾在《中共党史研究》撰文:"建国前各解放区共出过三种《毛泽东选集》,一种是1944年5月晋察冀日报社邓拓主编的。一种是1948年3月晋冀鲁豫中央局出版王春主编的。一种是1948年东北解放区出版凯丰主编的。其中按年代顺序编辑、篇幅最多、内容最丰富、装帧最美的是晋冀鲁豫中央局出版由王春主编的《毛泽东选集》。"

（三）创办《工人日报》。1949年3月25日，父亲王春任社长的华北局《大众日报》在北平出版发行。同年5月，全国总工会副主席李立三向毛泽东建议创办全国总工会机关报《工人日报》。经党中央和毛泽东批准，1949年6月3日，华北局第一书记薄一波召集周扬、刘子久、王春、冯诗云开会，会议决定按照党中央、毛泽东的指示，由王春任社长的《大众日报》从7月15日起改为《工人日报》，王春任社长，冯诗云任总编辑，赵树理、章容、曲跻武、苗培时、于诚、彭庆昭、史迈等人组成编辑部。1949年7月15日《工人日报》正式创刊，毛泽东亲笔为《工人日报》题写了报头。当时中华全国总工会名誉主席是刘少奇，主席是陈云，副主席有李立三、朱学范、刘宁一等，李立三主持总工会日常工作。父亲王春参加全国总工会第六届执行委员会会议，兼任全国总工会编辑出版室副主任。新中国是中国共产党领导的以工农联盟为基础的新型的社会主义国家，《工人日报》在建国初期担负着重要的使命，是党的工作重心从农村转为城市而创办的重要报刊之一。新中国百废待兴，又在进行着土地改革、三反五反、抗美援朝等，中心工作一个接着一个，体弱多病而又身负重任的父亲王春牢记毛泽东"进京赶考"的教导，进京后的几年间，忘我地拼命工作，不敢有一日懈怠，几乎每天只休息两三个小时，要写社论、看大样，在总编室上夜班，白天还要参加各种会议和外事活动。这期间，为紧密配合形势，他还写下了《太平天国的教训》《三反五反评编》《中苏关系史说本》《美国侵华史话》《愚公移山》《故事新讲》《写作零谈》等重要的文章和著作，组织编写《工人识字课本》《工会性质讲话》，开始编写计划为20万字的《大众字典》。父亲是累死在工作岗位上的，他废寝忘食，严重透支了自己的身体。他伏案工作不论白天黑夜，常常右手捉笔，左手捂着肚子，有时候一条腿在椅子上半蹲半坐，仍然笔耕不辍。他为新中国百废待兴的新闻出版事业勤奋工作，殚精竭虑，积劳成疾，于1951年12月30日病逝，永远离开了我们。

父亲走了，但他的革命精神一直鼓舞着我前行在革命的道路上，激励着我成长。在纪念中华人民共和国成立70周年的日子里，我更加怀念父亲！

（作者系王春之子，1935年11月生，1957年6月毕业于北京师范大学附中，同年9月参加工作，1971年8月加入中国共产党。历任北京市公安局文化教员、中队长、政治指导员、股长、党支部书记、总支委员，林业部办公厅处级秘书、总部值班室主任、厅办公室副主任、部长办公室主任、党支部书记、中纪委监察部驻林业部纪检组纪检监察专员。1996年5月退休后任国家林业局老干部二支部副书记。2005年至2015年先后六次被评为机关优秀党员、优秀党务工作者）

太行山的老编辑家王春

华 然

每当讲到编辑在中国革命和建设中的历史功绩时,我总会想到我们党的一位早逝的文化战士、太行山的老编辑家王春同志。

王春,山西阳城人,生前是工人日报社社长、工人出版社副社长兼总编辑,是我党的一位优秀文化战士、评论家和老编辑。王春同志长期在抗日根据地太行山、解放区从事编辑出版工作,是我们党直接从斗争实践中培养出来的一位土生土长的优秀编辑家。老舍曾深切地回忆说:"我和王春同志相识不很久,可是初次见面,我就觉得他是个可爱的人。后来,来往渐多,我越来越敬爱他。他有光明磊落的态度,知道的必说出来,说错了不怕批评。他健谈,我常由他的谈话中得到好处。他做事也负责任,求他看文章,他不但提出意见,而且仔细斟酌,代为改正。"

老舍还特别说王春是坚守岗位、以身殉职的文艺工作者,希望我们每一个编辑工作者都学习王春"光明磊落和鞠躬尽瘁的态度与精神。"

为了大众,"不流血也得留点汗"

抗日战争和解放战争时期,王春任总编辑的华北新华书店并不仅仅是一个发行单位,而是晋冀鲁豫根据地统一的出版发行机关,直属中央局宣传部领导。在王春等同志的主持下,他们编辑刊物、出版图书,为解放区的文化建设立下了汗马功劳。王春等同志配合整风运动出版了大批有关读物,如《反对主观主义》《整顿三风文件二十二种》《思想方法论》等,还出版了许多文艺读物,如赵树理的《小二黑结婚》《李有才板话》、章容的《吴满有》、欧阳山的《高干大》、苏联的《日日夜夜》《宁死不屈》等。向敌占区发行进步图书是书店的一项重要任务。华北新华书店曾将毛主席的《论持久战》《新民主主义论》《论新阶段》伪装成《虞初新志》《文史通义》,印上"上海广益书局印行"的字样,向敌占区发行。书店负责人王春以山阴旧史氏为名在扉页上撰写了一段别开生面的题词:"章实斋氏《文史通义》一书,史德、史才、史实三者具备,乾嘉间巨制也。近人溺于西说,对吾国历史学,视为土苴,心忧之爰,出旧匣所藏付梓,庶学者读之,有所趋向耳。山阴旧史氏题。"伪装得惟妙惟肖。这些书发行到敌占区,躲过了敌人严密的文化封锁,宣传了抗日和革命思想。1948年王春还领导、组织编辑出版了晋冀鲁豫中央局版《毛泽东选集》(上下),受到中央局通报表扬。王春同志还用王首季、王千秋、胡启明、贾铭、王君瑜、王纪春等笔名,著有《重庆的喜剧》《愚公移山》《美国侵华史话》《写作零谈》等书,并在当时抗战刊物《抗战生活》《华北文化》上开辟了《古与今》《读书笔谈》专栏,经常发表文风泼辣的杂文、史论和短评。他的文章十分犀利,一语中的。有的同志把它概括为10个字:"明确、尖锐、流畅、简练、通俗。"他自己是当编辑、写文章的,他对于发表的文章,从形式到内容,都要求得十分严格。对于那些不负责任、粗制滥造的现象,他很恼火。他常说写一篇文章要有所为,要有目的性,拥护什么,反对什么,必须明确;没有目的性的文章,不管它形式如何优美,辞藻如何华丽,结果都是无病呻吟,浪费人民的纸张。他反对那些生吞活剥的欧化句子和大众不懂的词儿,提倡文章要写得"懂"与"动",就是说,文章要人家看得懂,看完了受感动。王春同志在编辑工作上认真负责、呕心沥血、精益求精的精神,可用他编写《大众字典》一书的事例来说明。建国初期,广大工农兵群众迫切要求文化上翻身,学习文化的积极性空前高涨,很需要学习文化知识的工具书——字典,可是当时流行在市面上的字典,不能解决帮助群众学文化问题,于是他有了编写《大众字典》的想法。王春认为这是消灭文盲最迫切的事情,一定要搞好。他采取以词注字的编写方法,往往为了一个字的解释苦思冥索,反复推敲,直到满意为止。赵树理说他编字典时常常面对着一个字坐夜,好像老和尚坐在那里参禅悟道,有时候则乱打电话找人问计——"老赵!一点两点的'点'字怎么解释?照几何学上的定义讲,大众不懂;离开了那个讲,又错误……词性又不统一:一点、两点、重点、要点、优点、缺点……点头、点句、点豆腐、点缀、点心……算了算了!究竟分几义,让我慢数。请你给我出个主意用什么词汇来解释?"这部字典他一个人写了80%的词条,可惜未完成就早逝了。王春的好友、北京大学教授、我国著名的语言学家罗常培先生看了字典原稿后认为编得很好。他在王春追悼会上抚棺痛哭,沉痛表示,为了纪念王春,他要把这部字典编出来。王春同志的才气和工作热情使叶圣陶、胡愈之、吴晗同志都极为赞赏。王春的不少战友回忆说,王春为了编写文章,经常带病工作,常常看到他左手捂着肚子,右手拿着笔,一条腿屈在椅子上,半蹲半坐,笔不停地写着,一写就是十几个钟头。赵树理每见到他捂着肚子,头冒汗珠编稿著书时,就劝他注意休息,保住革命的老本。王春总是谦和地答道:"为使广大工农兵群众在文化上来个大翻身,不流血也得留点汗呀!"

凡八股气的东西"一概不予出版"

华北新华书店成立后不久,王春就由华北《新华日报》调书店从事编辑工作,以后又任总编辑。这期间书店编辑工作搞得非常活跃,出版了大量具有民族风格、中国气派、为老百姓喜闻乐见的文艺作品,较系统地出版了经典著作和政治理论读物、科普读物。当时出的书大致分为五大类:第一类是书店主办的刊物《新大众》上发表过的文章结集,如《新大众小丛书》等;第二类是延安或其他根据地同志写的书,如李季的《王贵与李香香》、斯特朗的《我所见的新波兰》等;第三类是编辑部同志自己写的书,如苗培时的《百名英雄》、赵树理的《福贵》等;第四类是翻印苏联出版的中文图书;第五类是出版马列经典著作和中央文件汇集等。无论对外面的还是对自己编辑部同志的书,王春都坚持质量第一的原则,反对粗制滥造。当时,在毛主席发表《新民主主义论》后,有一本解释《新民主主义论》的书,比《新民主主义论》还长,而且难懂得多,王春他们就坚决不出。赵树理生前曾讲到他和王春在太行山编书的情况,老赵说:"我在太行山时,在新华书店编文艺书籍,总编辑是王春同志。我们大概有些'左'倾冒险主义,凡是在文章中带有八股气的,一概不予出版,挨了很多人的骂。骂也没用,除非我们不干,你们来了再说。"王春在总编辑的岗位上恪尽职守,没有在书稿质量上松口,而是在反对党八股上竭尽全力,充分反映了一个共产党员的党性原则和对党的文化出版事业的严肃态度。

"赵树理的灵魂",作家的诤友

王春与赵树理的友谊堪称文坛佳话和文人相敬的典范和楷模。

他俩不仅是师范的同学,而且从1939年王春担任《黄河日报》(路东版)主编、赵树理负责编辑该报副刊《山地》起,直到1951年王春病逝之前一直在一起工作。他们的友谊是从艰苦的抗战岁月、太行烽火,直到建国初期为新中国的新闻出版事业创业,风雨同舟并肩战斗中培养和发展起来的。

赵树理生前曾深情地回忆过他们的革命友谊。他说:"1925年暑期我考入长治师范后,很快就和平时志同道合、酷爱写作的王春、王中青、史纪言等同志结为挚友。1927年秋天,王春介绍我加入了中国共产党。"老赵亲切地回忆道,一个幼儿初学走路是要有人扶着走的。我一个乡下孩子刚从沁水山区进入长治师范这所洋学堂,有些拘束和不习惯,王春经常帮助我学习,给我讲新文化、新思想,并亲自替我从图书馆借来各种进步书刊,同时把每本书或每篇重要文章的大意提要性介绍给我,使我能接触到四书五经之外的东西,王春同志确确实实是我从事革命文艺事业的头一个启蒙老师。有的同志还说,"王春是赵树理的灵魂",赵树理之所以成为一位具有新颖独创的,大众风格的人民艺术家、著名作家,与王春这位挚友、诤友的关怀和支持是分不开的。1942年杨献珍同志任北方局秘书长并主持北方局党校工作时,为了把北方局党校调查研究室的工作开展起来,提议调王春、赵树理来担任这项工作。经彭德怀副总司令批准,王春和赵树理来到了北方局机关驻地,并且深入太行山一带的村庄调查研究。当时太行山群众生活十分艰苦,干部下乡要同群众一起同甘共苦。这年腊月,他们不管如何艰苦仍然坚持下去了。就在这时,赵树理根据在辽县(今左权县)农村调查的材料创作了著名的《小二黑结婚》,并在彭总的批示"像这样从群众调查研究中写出来的通俗故事还不多见"的支持下,得以出版发行。王春与赵树理一起调查研究,对赵树理根据下乡调查研究获得的丰富素材先后写出的《小二黑结婚》《李有才板话》《李家庄的变迁》等作品,从酝酿到创作,从文字到内容,从发稿到出版都做到了热心帮助和直接支持。比如老赵短篇小说《登记》的题目就是王春起的,可以毫不夸张地说,赵树理的文艺作品中,凝结了王春的不少心血。王春是赵树理作品的第一个读者、第一个严格的批评者、第一个热情的修改者、第一个积极的"催生婆"。由于王春与赵树理从少年时代结为朋友,有相同的生活经历,相互了解,相知甚深,所以王春的意见中肯实在,切中要害,为赵树理所敬服。1949年1月16日,鉴于当时不少人对赵树理同志的出身、经历不了解,根据传闻和想象,把赵树理说成是吹鼓手出身、混过戏班子等许多不符合事实的情况,他在《人民日报》上撰写了《赵树理是怎样成为作家的》一文,为维护作家的尊严和向即将解放的全国广大读者正确宣传赵树理这位人民艺术家起到了一定的作用。在这篇文章中,他全面地、正确地介绍了赵树理的出身和经历,并着重指出,赵树理之所以成为作家,是由于他的贫农家庭和他生长的农村环境,给赵树理带来了三件宝,保证他一辈子使用不尽。头一宝是他懂得农民的痛苦。他是穷人,他是穷人的儿子,他真正知道农民的艰难是什么味道。懂得农民,自然也就懂得地主,懂得农民的经济生活,知道农村各阶层的日子是怎样过着的。第二宝是他熟悉农村各方面的知识、习惯、人情等。第三宝是他通晓农民的艺术,特别是关于音乐戏剧方面的艺术。他这三件宝:极度高涨的农民求解放的义愤、非常丰富的农村生活的知识、熟悉与爱好农民艺术的热忱,就是赵树理后来创作的不尽源泉。于此先后,王春还写了《赵树理的身世》《评"新曲艺丛书"》《介绍〈登记〉》等文章,都是帮助读者了解赵树理及其作品的通俗生动的优秀评论。

王春是作家的诤友,绝非仅限于赵树理一人。不,他对许多作者都是直言不讳、热情关怀、倍加爱护的。如对苗培时同志的中篇《好班长》《王贤传》《杨庄大战》,王春都提过具体、尖锐的修改意见。当作者根据大家意见补充修改之后,王春又积极主张出版。对于书稿质量,王春既不马虎,又不苛求,体现了实事求是的精神。如解放初,北京曲艺界对苗培时的《赵亨德大闹正太路》批评严厉,王春主张作者择善而从,改好可出。

革命通俗文艺的热情扶植者

在文艺的大众化、通俗化方面,赵树理是建立了特殊功勋的。他的作品,就是革命通俗文艺的典范,是真正具有中国作风、中国气派,为中国老百姓喜闻乐见的文化珍品。在讲到赵树理在通俗化方面的成就时,人们不应当忘记王春同志。他是革命通俗文艺一贯的支持者和热情的扶植者。早在抗战时期,他就自觉贯彻执行延安文艺座谈会讲话精神,在抗日根据地的文化工作中主张、提倡、扶植作家写群众爱看的通俗故事,反对、批判、夺取封建迷信的文化阵地。赵树理在《回忆王春同志》中说:"王春同志和大众文艺的关系有19年之久。在这样长的时间内,他又不是专业文艺工作者,自然不是每天管这件事,但也不曾因非本业而忘怀……在1933年,他读了我半篇未完成的通俗小说(以反对阎锡山搜刮山西的财力人力造成地方的混乱为主题),引起他提倡大众文艺的动机,写了一篇理论性的文章说明其重要性,但以当时山西没有进步的报刊,终于没有找到发表的机会。自那时候起,他的兴趣就被引到这一方面。抗战开始后(1939年),他得到了一个编小报的机会,就约我去编副刊(报名《黄河日报》

路东版,副刊名《山地》),便把多年的理想化为事实——其中形式上鼓词、快板、童谣、故事等无所不包,而总的政治内容以发动人民抗日、揭穿阎锡山反共反民主的阴谋为范围。……毛主席《在延安文艺座谈会上的讲话》传到太行山以后,王春同志更加注意了普及工作。"王春为了扭转当时太行山文化人中鄙视通俗文艺的倾向,亲自从延安《解放日报》和其他报纸发表的合乎大众化的短篇小说中选了三个集子,证明大众化文艺是党的提倡,而且是群众的要求。1949年7月《大众日报》改办为《工人日报》后,文艺副刊仍叫《新大众》。他主编的报刊,主张尽可能让群众看懂,只要识1000个字就可以读懂,即使不识字也可以听懂。他对语言文字要求严格,既提倡大众化,又反对完全用农民语言,因为地方话太多,过几十里外就听不懂了。他也不主张过多用歇后语、形容词,反对长篇大论。

1946年王春在晋冀豫边区文联的大型综合月刊《北方杂志》创刊号上,发表了《继续向封建文化夺取阵地》的文章,进一步强调用革命通俗文艺取代封建文化的重要性和必要性。当时129师政治部与晋冀豫区党委从许多群众受反动会道门离卦道蒙骗参加暴乱事件中,看到群众文化宣传工作严重脱离实际的缺点,而召开了一次文化界座谈会。王春、赵树理都在会上发言,举了许多事例说明文艺大众化的迫切需要。王春会后多次宣传说,有位作家同志,可以说是特别关心人民文化生活的实况的,他为此故意在老百姓家里拿了几本这样的书:不知是什么迷信团体的《太阳经》《老母家书》,还有写着"洗手开看"的《玉匣记》《选择捷要》,在农村青年手中借来的《秦雪梅吊孝》《洞房归山》《麻衣神相》《增删卜易》《推背图》等一大堆。他说这才是在群众中占有压倒之势的"华北文化"。王春目睹这些制造愚昧的封建迷信,心急如焚。一方面从理论上宣传、提倡通俗文艺,另一方面从实践上积极支持赵树理、苗培时等作家多多创作革命的大众化的通俗文艺。他所负责的华北新华书店组织力量,编辑出版了许多解放区的优秀作品。赵树理的大部分作品就是在王春为总编辑的华北新华书店出版的。这些作品输送到国统区后,受到广大读者的热烈欢迎,使他们看到解放区的"明朗的天"。1946年8月郭沫若同志在上海收到赵树理的《李有才板话》和《解放区创作短篇选》两本书后,花了一天工夫一口气读完了这两本书。郭老说:"我是完全被陶醉了,被那新颖、健康、朴素的内容与手法。这儿有新的天地、新的人物、新的感情、新的作风、新的文化,谁读了,我相信都会感着兴趣的。"郭老认为这两本书为"抗战以来文艺作品的杰出者"。正是在王春的支持、鼓励和配合下,赵树理在抗日战争、解放战争的10余年来,坚持了文艺通俗化工作,在小报副刊、在街头、在剧团……写出了一系列小说、快板、小戏及其他文字。

　　王春同志50年代逝世后,追悼会由刘宁一主祭,赖若愚、赵树理陪祭。他的老战友杨献珍、范文澜、老舍、吴晗、赵树理、罗常培等同志曾拟议筹划收集、编纂他的文章和作品,编选出版《王春文集》,可是由于"左"的干扰,特别是"文化大革命"的劫难,这个愿望未能实现。不过,我们相信,在党的十一届三中全会路线指引下、在新时期文化出版蓬勃发展的条件下,王春这头从太行山到北京的几十年如一日,为党的文艺新闻出版事业昼夜耕耘的"革命老黄牛"所留下的丰富而瑰丽的文艺遗产,一定会有面世的机会。他在编辑工作中的一切好作风、好经验、好传统,一定会广为流传,为更多的人所了解和发扬光大的。

(原载1987年《编辑之友》第5期,作者时任上海文艺出版社总编辑)

献身于出版事业的王春

老 孙

王春,山西阳城东四侯村人,1923年考入山西省立长治第四师范,他是著名作家赵树理的好友、同学。

抗日战争全面爆发后,王春受命在山西壶关担任《黄河日报》(路东版)主编,他请赵树理当该报副刊《山地》编辑。由于该报办得通俗、大众,报纸贴在各县城街上,过路行人都想看看,往往弄得路为之塞。

1940年5月,王春在武乡县安乐庄村担任《新华日报》(华北版)编辑科科长,又调赵树理到该报社当校对。后又编《中国人》,这张小报是向敌占区发行的。王春、赵树理把它办得很通俗,全是老百姓的话,有讲故事、小快板、顺口溜等。王、赵二人同林火等还组织了通俗化研究会,开展普及通俗化工作。1941年11月,王春同赵树理一起撰写了一篇重要文章《对加强敌后宣传我的几点意见》,发表在内部刊物上,受到上级的重视。1942年1月,他们又一起参加了129师政治部和晋冀豫区党委联合召开的太行区文化界座谈会。赵树理在会上慷慨陈词,指出文艺必须走大众化的道路,王春大力支持赵的观点,却遭到一些权威的冷嘲热讽。1942年秋,王、赵二人又一起被调到北方局党校调查研究室。1943年9月,又一起调到华北新华书店,王春担任编辑部主任,赵树理任文艺读物编辑。之后,王春先后任新大众、大众日报、工人日报社社长,工人出版社副社长兼总编辑。

1943年至1951年,王春在出版工作领导岗位上,始终全力支持赵树理的创作活动,并将赵树理的全部作品予以出版。1948年,华北新华书店还出版了评论赵树理文艺创作的《论赵树理创作》论文集。他还撰写了《赵树理是怎样成为作家的》《赵树理的身世》《评"新曲艺丛书"》《介绍〈登记〉》等评介文章宣传赵树理。

《赵树理是怎样成为作家的》是第一篇翔实介绍赵树理生平和成长的重要文章,它生动、具体而真实,用事实批驳了那些歪曲赵树理的种种谣言。王春在文章中指出,赵树理是一个贫农家庭出身的穷孩子。这个贫农家庭给赵树理带来了三件宝:头一宝是他懂得农民的痛苦,第二宝是他熟悉农村各方面的知识、习惯、人情等,第三宝是他通晓农民的艺术。王春还指出,赵树理是新文艺的爱好者,写过新诗、新小说,着实努力学习过欧化。但是从学校出来后,他的思想变了,他说要使文艺为群众接受,非通俗化不可。1948年,王春在《评"新曲艺丛书"》一文中,详细地介绍了赵树理在太行区工作时,认真耐心地帮助修改平顺县农民创作的鼓词《考神婆》,这篇作品几乎被赵树理一字一句加以修改。

王春之所以如此钟爱赵树理、支持赵树理,不仅仅因为他们是同学、同志、朋友,更重要的是他们二人有共同的志向:坚信文艺必须走通俗化的道路,必须把人民的文艺还原于人民。这一点王春在1946年6月《北方杂志》发表的《继续向封建文化夺取阵地》中有深刻的反映。王春在这篇文章中无情地揭露了封建文化在群众中的表现:一是"听天由命,安分守己""万事由命不由人",二是阴阳禁忌,一切择吉,三是巫神、法师装神弄鬼,四是迷信团体、教会、道门,五是签筒神卜,六是测字、天文等。这些文化现象当时在根据地受到了扫除,有了翻天覆地的大变化,但是抗日战争胜利后,"解放区扩大了,城市接近了",封建迷信的东西"稍稍恢复了"。王春在文章中大声疾呼:"这不妥当!"必须"从阴阳先生、巫神、法师手中夺取群众","从《秦雪梅吊孝》手里夺取读者阵地",这"是文化革命的当务之急!"

王春在华北新华书店总编辑岗位上,始终把出版通俗读物放在第一位,除出版了赵树理的《小二黑结婚》《李有才板话》《李家庄的变迁》《孟祥英翻身》《地板》《催粮差》《福贵》《刘二和与王继圣》《小经理》《两个世界》等通俗文学作品外,在1947年组织出版了一套颇具规模的文艺丛书——《晋冀鲁豫边区文艺创作小丛书》,这套丛书共收集解放区优秀作品170篇,是新中国成立前,解放区出版工作的一项大工程。在王春的主持下,华北新华书店还出版了许多普及文化知识的读物,如《自然常识》《农村应用文》《怎样带孩子》《日用杂志》《庄稼杂志》《六畜病的治疗》,而最成功的要数出版期刊《新大众》,它受到解放区基层干部的广泛欢迎。为适应形势需要和群众的要求,将《新大众》改为《新大众》报、《大众日报》,北平解放后,又改为《工人日报》,而王春是该刊、该报的社长。将这个解放区的普通刊物,发展壮大为全国工人群众文化生活的园地,是王春的一大功绩。

王春文笔犀利,一语中的。他亲自撰写了许多通俗作品,如《古语正误》《重庆的喜剧》《写作零谈》《愚公移山》等。由于他努力实践通俗文化,因而先后被文化界同仁选举为晋冀鲁豫边区文联常务理事,北京市大众文艺创作研究会常务委员等。

作为编辑出版领导者的王春在出版马列著作和毛泽东著作中做出了突出贡献。1947年10月中共晋冀鲁豫中央局把编辑出版《毛泽东选集》的重任交给了他。王春依据中央局的要求,对毛泽东的著述、文章、讲话、文件等做了极为认真细致的选编,报中央局批准,然后又动员华北新华书店全体职工投入印制出版《毛泽东选集》中来。

由于编辑、印制质量高,速度快,1948年4月3日,中央局宣传部给王春写信予以表扬,并发给新华书店奖金10万元以资鼓励。这部《毛泽东选集》分上下册,布面精装烫金,是新中国成立前出版的《毛泽东选集》中内容最丰富、编辑最精的一部。因此在1996年北京拍卖会上被视为珍品,被日本友人6000元人民币购走一套。

王春在艰苦的战争年代和新中国成立初期从事出版编辑工作,他总是孜孜不倦地忘我劳动,把全部心血都倾注在编辑出版工作上,他有严重的胃病,在胃痛难忍时只能椅子顶着胃继续工作,不论白天黑夜带病上岗,半蹲半坐在那里不停地审稿、写作,终因劳累患肝癌于1951年12月30日清晨6时4分在首都北京医院逝世,时年仅44岁,他是出版战线早逝的英才。

(原载1997年《新闻出版交流》第40期)

从《新大众》杂志到《新大众》报

赵德新

不少工人日报老同志的回忆文章,都提到了《新大众》,提到《工人日报》继承了《新大众》某些好的传统。那么,《新大众》是怎么办起来的,它的特点又是什么呢? 这里想根据自己的了解和体会做个介绍。

《新大众》包括《新大众》杂志和《新大众》报,二者都是在晋冀鲁豫解放区创办的,归晋冀鲁豫中央局宣传部领导,由华北新华书店编辑、出版、发行。《新大众》杂志1945年6月创刊,32开本,每期一般为50页左右,多的曾到过84页。开始为月刊,后改为半月刊。历时两年半,共出45期。《新大众》报于1948年1月创刊,4开4版,新5号字排印,共出报94期。《新大众》杂志和《新大众》报,在报道抗日战争、解放战争、土地改革等方面做出了一定的成绩,在联系群众、联系实际以及通俗化方面走出了自己的路子。

《新大众》杂志是怎样办起来的

1945年4月,太行区党委在涉县下温村召开过一次关于文化、教育、卫生工作的会议,华北新华书店编辑部的大部分同志去参加了会议。会上,不少同志用快板、诗歌、民间小调、谜语等形式宣传讲卫生、学文化,还写成大字报张贴出来,引起了周围部队战士和老乡的极大兴趣。书店负责人林火等开会回来,很兴奋,大家议论,认为书店编辑部也需要走和群众相结合的道路,主张出版一种从内容到形式都适合群众需要的通俗刊物。这些意见形成报告,经北方局宣传部同意,一本通俗刊物于1945年6月1日正式创刊,定名为《新大众》。

《新大众》创刊时,由冯诗云主编。1946年夏,由章容、苗培时主编,于成负责刊物的通联工作,王春、彭庆昭等经常为杂志写稿。

《新大众》的根本指导思想是为群众服务

为群众服务,是《新大众》杂志的根本指导思想。这一思想贯穿在稿件的内容、形式以及编辑部的各项工作中。

《新大众》的主要读者对象是识千字左右的区村干部、小学教员。从自己的读者对象出发,《新大众》对登载的文章,强调深入浅出,强调通俗化。

农村读者关心国内外形势,但又读不懂报上刊登的新闻报道和评论文章。《新大众》杂志为此开辟了《天下大事》专栏,每期有一篇讲解国内外大事的文章。这些文章有头有尾,前后衔接,像章回小说一样,很受读者欢迎。如第1期杂志的《天下大事》讲的是德国无条件投降后的形势,题目是《欧战结束法西斯罪魁伏法,远东吃紧小日本四面楚歌》。第2期《天下大事》讲的是党的七大和国民党的六大,题目是《两个大会——一个讲团结、民主、胜利,一个讲内战、专制、独裁》。解放战争开始后,广大读者关心战局,《天下大事》专栏就及时地把一个时期战争形势的发展、敌我双方的态势、我军战略战术的方针综合起来,加以叙述、讲解。如第24期讲的是《特务暗杀李、闻,昆明、西安阴风惨惨,蒋军全力内战,中原、苏皖杀气腾腾》;第25期讲的是《内战一月蒋介石损兵十万,调处半年马歇尔自认失败》;第26

期讲的是《激战四起各线蒋军大吃败仗,敌深祸急全区军民紧急动员》。看了这些有事实、有资料、有分析的讲解,读者就可以对全国的战局有个概括了解。

读者在日常生活中遇到各式各样的疑难问题,希望给予回答。《新大众》杂志为此开辟了《有问必答》专栏,专门回答读者的问题。这里不仅回答有关各种政策、法令问题,也回答有关自然科学、生理卫生、婚姻家庭等方面的问题。有关政策、法令方面的问题一般是请边区政府各厅回答,这样更具有权威性。《有问必答》专栏也是每期杂志都有,这里随便举两期做例子,可见一斑。第31期的《有问必答》专栏,解答的问题是:一胎两孩是什么道理?有的妇女怀孕后为什么吃灰土?寡妇可否嫁小叔?二女可否守一男?合作社人员是否出差?军政机关生产部算不算公营商店?回教该不该限制?回族如何结婚?蒋介石是如何出卖领空权的?什么是"哀的美顿书"?第35期《有问必答》解答的问题有:"泰山石敢当"是什么意思?为什么还用"神圣"这个迷信字眼?八路军讲迷信吗?什么叫封建?从军政机关转为教员的为啥不优待?允许坐轿吗?粗脖子怎么治?尿床怎么办?鸡鸭不交配为什么也能生蛋?轻的鸡蛋孵出来的是母鸡吗?因为解答的问题多,读者提的问题也多。《新大众》收到的大量来信中,要求解答问题的信往往占一半左右。由于读者欢迎,华北新华书店还将《有问必答》选编入《新大众丛刊》,出版了《疑难问题一百个》《疑难问题解答第一集》等书。

从农村读者的实际出发,《新大众》杂志在形式上也力求做到生动活泼。除了前面说的《天下大事》《有问必答》外,还开辟了《小言论》《大众信箱》《自修学校》《读者俱乐部》等栏目,并经常采用快板、民谣、诗歌、谚语等群众喜闻乐见的形式进行宣传。

大家看，大家办

大家看，大家办，是《新大众》杂志的一个显著特点。

发刊词《为啥要办新大众》中，就提出要求"大家动笔"，要求区村干部、小学教员、农村知识分子"写自己对生产、打仗、学习、生活的想法、做法，对各种工作的办法、意见"。发刊词说："办《新大众》好像修房子一样，我们只不过是先找好了一片地方，打地基、立架、抹墙、上梁，完全要依靠大家的努力。"《新大众投稿办法》进一步要求，"话怎样说，稿就怎样写，写别字，写得不通顺，都不怕"；有什么不明白的事，有什么意见，还可以写成信，"这些信也就是文章"。《新大众投稿办法》规定，不光登出的稿子有稿费，"供给材料也有稿费，不要稿费要书、稿纸的，我们也可代买"。《新大众》用老5号字排印，每页800字左右，一页里面常刊登读者写的两三篇文章，每期杂志要求通讯员来稿占2/3。

《新大众》杂志有2000多名通讯员，编辑部和这些通讯员有着十分密切的联系。对他们的来信，有一个时期几乎做到了每信必复；对不会写作或手头没有写作材料的，先鼓励他们反映群众中存在的各种问题；有些稿子写得不清楚，就请他们补充材料，有的稿子补充三四次，才拿来合在一起重新编写；稿子不能用，也向他们说明理由，说明怎样提高写作质量；有的通讯员工作忙起来几个月不来稿，编辑部照样给他们写信联系，照样帮他们解决困难、问题，有时还寄一些对写作有帮助的书刊去，可以说是做到了"给得多要得少"。

对于优秀通讯员、模范读者的事迹，《新大众》常常公开进行宣传，如赞皇县裕记合作社会计李锋，一有空就宣传《新大众》，经他组织和介绍的订户有350个,还组织了8个通讯小组;黎城教育科段怀良,给《新大众》介绍了318个订户,并组织全县80%的教员写稿,他们都受到了表扬。有的通讯员牺牲了,《新大众》也进行报道。1946年1月第14期《新大众》上,刊登了一则《新大众广播》,内容是:"本刊通讯员高克东同志,在汲县被国民党反动派军队包围受伤,本刊谨致慰问。"同年10月1日第27期又刊登了悼念两位通讯员的短文:一位是50团3营代理教导员张衡,在滑县自卫战中牺牲;一位是左权县黄漳小学教员张耀曙,因病去世。短文表示要以努力工作的实际行动悼念他们。这些事例都生动地说明了《新大众》同通讯员的亲密关系。

因为编辑部花了大量的时间和精力帮助区村干部、中小学教员提高写作水平,同时也提高了他们了解事物、分析事物的能力,改进了他们的思想方法和工作方法,因而他们很愿意和《新大众》交朋友。如第一批解放区的地方干部随军南下时,有位区干部绕了许多路来到编辑部的驻地。他到编辑部的唯一目的,就是掏出《新大众》给他写的信,要认识写信的是哪些人。《新大众》后来从刊物改成报纸,报社的一部分骨干力量就是从这些基层通讯员中选拔出来的。

书报劳军

解放战争全面展开以后,前线需要大量书刊。邓小平政委从前方回来,把华北新华书店冶陶门市部的书每种都带了一大批去,还觉得太少,因此出版前线需要的书刊就成为当时书店的一个紧急任务。也就在这时候,《新大众》杂志发动了一次书报劳军的活动。

1946年10月15日出版的第28期《新大众》,刊登了发起书报劳军的启事。启事这样写道:"前线战士需要精神食粮,要看书、看报,我们要满足爱国自卫的战士们这个要求,发起书报劳军,盼望《新大众》的每个作者、读者同志,大家来捐款。"同期《新大众》还发表了给通讯员和读者的信,要求他们把书报劳军的事,讲给周围的同志、朋友、邻居听,请他们都来参加这个工作。

书报劳军很快形成了群众热潮。有的区村干部、小学教员把做鞋、吃菜的钱拿了出来;有的工友捐出了工资;有的小朋友用砍柴、纺线挣来的钱买了书;还有的捐出了办公费和米票。参加书报劳军的人,从专员、县长到勤务员、理发员、炊事员、交通员,从十二三岁的小娃娃到七八十岁的老太太。3个月时间,共收到捐款350万元。《新大众》杂志辟了书报劳军专页,介绍书报劳军中的好人好事,刊登捐款者名单。为了切实做好这项工作,《新大众》指定当时在通联科工作的何平为专门会计,并派苗培时去检查沿路邮局运往前线书刊的情况。在前线,苗培时受到刘伯承司令员的接见。1947年1月31日,《新大众》刊登启事说,现已送前线书报15000册,现有存款还能印书报20000册,现停止捐款,向社会各界致谢。

书报劳军活动,对前方将士起到了鼓舞作用。1946年10月17日,当书报劳军刚刚开始的时候,晋冀鲁豫军区宣传部就给新大众报社来信,表示感谢。信的全文是:

新大众报社:

  对你们热心慰劳我军,致以感谢。

  为了更好地鼓舞士气,我们希望你们在书刊封面上写明:"献给保卫边区的指战员们!献给光荣的刘伯承将军的勇士们!献给爱国自卫战争的英雄们!"集中一部分书刊,赠给参加某一战役的部队也可以,如龙堌集、大杨湖……我们并希望:各种刊物能在内容上增加一些反映战争的文章。

我们对贵社全体同志及广大读者致以崇高的敬礼

晋冀鲁豫军区宣传部
10月17日

1947年4月15日,晋冀鲁豫军区政治部又给新大众社写信,向热心书报劳军的同志们致谢。信的全文是:

敬启者新大众社热心服务自卫战争前线,发起书报劳军,数月以来蒙各界爱国同胞各机关团体工作同志踊跃捐款,经由新大众社购买的有关书籍,源源运往前线,保证了前方将士精神食粮之充分供应,鼓舞了士气,敝部谨代表前线全体将士表示谢意。

此致

敬礼!

晋冀鲁豫军区政治部谨启
4月15日

书报劳军取得的成绩,对《新大众》与广大通讯员、广大读者的联系,是一个很好的检验。

为什么把杂志改成报纸

为什么要把《新大众》杂志改成报纸呢?第45期杂志刊登的《新

大众改报启事》是这样说的:"第一,《新大众》是一个群众读物。可是,群众里面,有青年、儿童、妇女、战士、工人、农民、学生……各色人等都有,各方面都要照顾,结果,哪一方面也没弄好。这里就出了个问题:《新大众》到底办给谁看?以哪一些人为主呢?第二,因为是一个杂志,稿子样式偏重故事,要求写得有头有尾,这样就限制了咱们工农同志大家来写,大家来办,因为咱们工农同志,从小家穷,念不起书,一下写不了那样。第三,《新大众》是个杂志,一个月才得出一次,战争年月变动很快,有些文章等到登出来已经过了时。因为上面三个原因,和配合要来到的大复查运动,咱们决议把这个杂志改成报纸,对象就是咱们最大多数的贫苦农民和贫雇农出身的区村干部、小学教员。这个报纸就是农民报。"

1948年1月7日《新大众》报刊登的《为啥要出这个报》,也强调指出"这个报纸,是咱农民大众的报纸","报纸是咱做斗争的好武器,大家要把这个武器拿到手里"。

《新大众》从刊物改成报纸,是适应当时形势要求和自身要求的。改报启事里第二、第三两条,现在读来理由还是有点说服力的,第一条的理由则不够充分。因为《新大众》杂志当时就是在农村出版,出版这份刊物就是为提高农民的政治、文化水平而服务的。当时考虑到了大多数农民不识字或识字很少,所以把它的读者对象定为区村干部、中小学教员,是想通过这些识字的人,能够将这份刊物登载的东西读给不识字的农民听。这是比较从实际出发的。杂志创刊初期,重点是明确的,因而比较快地获得区村干部、中小学教员的好感,同时也就获得一部分识字不多的农民的好感。《新大众》正是这样立住脚的。农民中有青年、妇女与儿童,他们有各自不同的要求与喜爱,《新大众》是一份通俗的政治、文化刊物,首先要获得农村青年的好感,并以适当篇幅照顾妇女与儿童的爱好,这也是对的。那么,当时为什么会有那样一个改变?原因主要是在解放战争后期,各解放区都掀起了轰轰烈烈的土地改革复查运动,批判右倾,强调贫雇农路线,《新大众》就是在这个时候适应这种形势改为报纸的,所以才强调报纸要办成为贫雇农服务的报纸,在宣传《中国土地法大纲》中错误地强调"贫雇农坐天下,说啥就是啥"。毛主席《在晋绥干部会议上的讲话》发表后,晋冀鲁豫边区按照这个讲话精神纠正了某些"左"的偏差,普遍进行政策教育,《新大众》报也在同时纠正了在宣传上的缺点,恢复了过去《新大众》杂志所确定的读者对象。

还应当补充一笔的是,鉴于当时的战争形势和解放区各种建设的形势,晋冀鲁豫中央局宣传部是同意将《新大众》杂志改为通俗报纸的,并在改为报纸后加强了对它的领导,所以《新大众》报初期的某些缺点,并没有影响它的指导作用。

杂志化的报纸

《新大众》报是在《新大众》杂志的基础上诞生的,可以说它是杂志的继续、展开、扩大。《新大众》报是一个杂志化的报纸,《新大众》杂志的风格、特点在报纸上得到了继承和发展。

《新大众》报的四块版,大致划分是这样的:一、二版刊登解放区的各种建设,主要是生产建设的消息及评论性文章;二版还有农民大学:讲解同土地改革有关的政策法令、工作方法;三版是副刊,包括:《大众信箱》《大众医院》《六畜问事处》《小故事》《小辞典》《小字典》《快板》《歌谣》等;四版是《天下大事》和《有问必答》。

同杂志一样,《新大众》报的全部稿件都力求做到口语化。不仅一般的稿件要求短小精悍,连新华社发的中央公布的各种政策和毛泽东同志的文章,也都经过编辑的摘要和改写。如毛主席写的《目前形势和我们的任务》,全文约1万字、8个部分,《新大众》报摘录为2000字,突出了打倒蒋介石和土地改革等4个部分。再如毛主席《在晋绥干部会议上的讲话》,全文约9000字、5个部分,《新大众》报也摘录成2000字,放在一个版上。其他如中共中央关于1948年的土地改革工作和整党工作的指示、华北人民政府的施政方针等,报纸也都从自己的对象出发进行了改写(这里说的改写不是一般的摘要、压缩,而是编者对文件消化后用自己的语言重新写过)。极少数的文件如《中国土地法大纲》,是全文照登,然后再分章进行拆讲。这种大胆的尝试自然有值得商榷的地方,但收到的效果却是不容置疑的。有的读报员就这样说:"给群众讲别的报,好像当翻译,讲《新大众》报好比当电线杆,用不着再费口舌。"

《新大众》报没有发过社论,没有发过板起面孔讲大道理的文章,它的评论多半是针对实际工作中的问题,一文一事。编辑部同志写的评论,也经常放在《大众信箱》《大家谈》的专栏里。赵树理当时在基层参加土改,经常把工作中发现的问题写成文章。《新大众》报最初四期,他就写了《我们执行土地法不许地主富农管》《穷苦人要学当家》《休想钻法令空子》《谁也不能有特权》《中农不要外气》等五篇文章和一篇快板(《为啥要组贫农团》)。《新大众》报还发表了大量的《编报人的话》,这些话三言两语,开门见山,尖锐泼辣。

《有问必答》同样是《新大众》报最受欢迎的栏目之一。由于土地改革深入展开,报纸上解答这方面的问题很多。这些问题五花八门,十分具体,如地主出身的知识分子如何划成份,演员算什么成份?贫农当过伪军,成份变不变?长过杨梅疮的人有没有公民资格?光棍参了军,土地怎么办?地主媳妇从娘家带来的东西该不该没收?寡妇没结婚养了孩子,在哪里分土地?中农自愿拿出房子,现在又想要回去行不行?等等。不少读者反映:报纸一到,工作再忙也要先看看《有问必答》。报纸公开解答的,只是问题的一小部分,个别复信解答读者的问题,数量就更多了。

《新大众》报还常用快板、黑板报以及小放牛调、打花鼓调、走西口调、拉洋片等形式宣传国内外大事和党的方针政策,如1949年2月4日报纸一版刊登的就是《说唱北平解放》。

至于报纸的群众工作,报纸同通讯员、同读者的联系方法,大致同前面介绍的《新大众》杂志的做法差不多,不再重复。这里只补充一个例子:平顺县北头村贾怀玉、王会则、王全有、秦文凤、申法群等合写了一段名叫《考神婆》的鼓词,寄给《新大众》报。稿子内容不错,但写得差一些,赵树理认真推敲重新改写后,登在1948年6月11日报上,署名仍用原作者,稿费仍发给原作者。这样的例子,在《新大众》报是很多的。由于报社注意群众工作,据1948年底的统计,《新大众》报的通讯员有8700多人。

在党的关怀下成长

《新大众》杂志和《新大众》报,在晋冀鲁豫边区的县、区里有不小的影响。左权县民教馆郝世民在谈到《新大众》杂志时说:"别的书都能在书架上放几天,《新大众》放不住,一来就叫人借走了,从来没有安安生生在书架上住过一天。"至于《新大众》报,1948年1月创刊,4月就发行到3.8万多份,5月底发行到4.6万多份。在山区办报,发行有诸多困难,《新大众》报能发行到这样一个数字是很不容易的。这除了它的内容外,还有其他方面的很多原因。如当时新华书店经理部把出报也当作自己的一件大事,印刷、发行、运输等部门的同志都是全力以赴。晋冀鲁豫边区邮局,在《新大众》报未出版前就做了广泛的宣传,从局长苏幼农起到每个邮递员都非常关切《新大众》报的订阅与发行。可见,编好一张报纸,并把它及时送到千万读者手里,真正起到作用,不仅要靠编辑部全体同志的努力,还需要有关各方面同志的共同协作,才能办到。

《新大众》杂志和《新大众》报之所以能够办出自己的特点来,之所以能够取得以上成绩,同党的关怀是分不开的。杂志创办时,得到过太行区党委的具体帮助。报纸出版,经过晋冀鲁豫中央局宣传部部务会议讨论。报纸的每期稿件,中央局宣传部宣传科的同志亲自审定。报纸在宣传中碰到的问题,由于报社负责同志列席宣传部部务会议,都能得到及时解决与具体帮助。

《新大众》杂志出版一周年和两周年时,曾分别刊登过当时晋冀鲁豫边区党政军负责同志的题词与来信。

邓小平的题词是:"宣传毛泽东思想是新大众的责任。"

杨秀峰的题词是:"更好的为工农兵服务,边区区村干部学习时事业务文化的优良读物。"

薄一波的题词是:"新大众两年来受到工农兵的热烈欢迎,希望你们朝着这个方向继续努力。"

戎伍胜的题词是:"集中一切力量,打击法西斯蒂!"

滕代远的来信,详细、具体地讲了《新大众》杂志的成绩,并指出了今后的努力方向。全文是:"新大众创刊二周年了,二年以来,它始终为着它自己更加通俗化,更加为群众所喜闻乐见,更加与群众紧密联系而努力。用一切办法,使能够识1000字以上的区村干部、小学教员、高小学生以及部队上的班排级干部、一部分战士都能够看懂它,喜欢看它,经过新大众和它的读者,把天下大事以至日常应用的生产卫生等等常识,灌输到广大群众中去。它设置了大众信箱、医药问答等专栏,直接为群众解答疑难。它举办了书报劳军运动,供给前线战士及伤病员以精神食粮。它介绍了人民解放军为人民而战的英雄事迹,介绍了农民的翻身运动,支援前线运动,鼓舞了前方的战士与后方的群众。

"这一切都使它获得了相当广大数量的读者,这就是它的成就与功绩。

"经过新大众编者与广大群众对它的爱护,新大众已经找到了它自己的努力方向。希望它今后更加通俗化,更加为群众所喜爱,为广大的群众服务。"

1949年初《新大众》报创刊一周年时,董必武、周扬等领导同志又题词表示祝贺。

董老的题词是:"对群众说老实话,正确地反映群众的意见,让群众坦率地表达他们自己的意见。"

周扬的题词是:"新大众报,由于它的密切联系群众的工作以及大众化的作风,已经取得了广大群众的支持和拥护。它必须坚持地为工人、农民与一切劳动人民服务,确切地反映他们的情况、情绪和要求,并以革命精神教育他们。"

当时华北解放区与晋冀鲁豫解放区党政军领导同志的这些题词,是对新大众社全体工作人员、华北新华书店全体工作人员的称赞,也是对他们的鞭策。

《新大众》的机构

在《新大众》杂志连同《新大众》报出版的三年半时间里，基本上是由华北新华书店编辑部领导的。

1943年秋，《新华日报》(华北版)停刊，华北新华书店直接归北方局宣传部领导，同时成立编辑部。书店经理是王显周，总编辑是林火。整风后出版《新大众》杂志就是由林火倡导的，从创刊号起的每期稿件也是由他审阅的。1945年10月，林火奉命调往东北。1946年春，王显周也调离书店。王、林离开后，北方局宣传部任命史育才为书店经理，王春为总编辑，冯诗云为副总编辑，并由这三人组成书店的管理委员会。

《新大众》杂志与《新大众》报，都是用书店编辑部的名义出版的，没有另外设置机构和任命总编辑。华北新华书店的内部刊物《书店一月》在1948年3月第7期上刊登的《书店组织机构介绍》图表中，虽将《新大众》报单独开列，并附属有编辑科、通联科，当时《新大众》报的人数也占了书店编辑部人数的一多半，但它仍归书店编辑部的正副总编辑领导，书店副总编辑主管报纸的日常事务。

晋冀鲁豫区与晋察冀区合并后，华北新华书店驻在河北省平山县西焦村。编辑部因驻地狭小，将新大众报社所有工作人员分驻在北西焦村，单独起火。同年冬天，华北局宣传部将书店编辑部的绝大多数人员都划出华北新华书店，正式成立新大众报社，并任命王春为社长，冯诗云为副社长兼总编辑，颜天明为支部书记兼资料室主任。当时没有经理部，进北平改为《大众日报》时，才设经理部，任命张诚为经理，史迈为副经理。

在平山县北西焦村正式创立《新大众》报时,它的机构是四科一室。编辑科由章容负责,实际上他担负着总编辑的任务,因为整个报纸都由他先做安排。曲跻武、史迈、苗培时、黄是云分别主编一、二、三、四版,我做过他们的助手。通联科由于成负责,这个科不仅人数多,工作人员的素质也比较高,以后不少编辑、记者都是从这个科里出来的,当时有郭国涌、常守真、杜白、晓亮(先在书店出版科,分家时又调回)、周子奇、何平、高汉英、王巨林、夏白、张建国、张水兰等。报社正式成立前后,书店调苏民来任总务科长,调王中保来管发行。报社的资料室也就是书店编辑部的资料室,长期由陈震彬一人管理,中间曾有从延安来的杜老两夫妇参加,进城前他们就到湖南去了。李纪芳也在资料室工作过。

新大众报社搬到平山县北西焦村后,另起伙食,由赵恒魁一人经办。后来增加了刘凤山,还曾经把食堂改成饭馆。靳维太当时还是个小孩,负责送取稿件和编辑科里的杂事。与靳维太先后参加工作的,还有张祥瑞、王富庆等。张祥瑞专门照顾颜天明的生活,到工人日报社以后改作司机。因书店印报工厂以后搬到石家庄附近,专门设了取送稿件的人,他就是韩三珠。

《新大众》报在平山北西焦村期间,从华北大学毕业生中调来的工作人员有三批。第一批是黄是云、陈霞飞(后做记者),第二批是何家栋、陈蓓,入城前来的第三批人数最多,有沈毅、洪铁、李冀、王源、计泓赓、陈庆楣、苏捷、李朋、何史辰、高捷等。

《新大众》的经验

太行新闻史学会1985年8月曾出过一本《太行区各新闻单位简

介》,其中提到《新大众》报时是这样写的:"1948年1月7日创刊,它的前身是《新大众》月刊。华北新华书店编辑部主办,初为周刊,同年3月改为五日刊,9月改为三日刊,铅印,四开四版。王春任社长,冯诗云任总编辑,章容任编辑主任。

"报纸的一版是时事要闻,二版是地方要闻,三版是文艺,四版是《读者来信》和《农民大学》等栏目。该报内容丰富多彩,语言生动活泼,深得太行人民的喜爱。特别是赵树理同志编写的十几篇思想评论,在报纸上连续发表以后,有力地配合了当时太行区的土地改革运动。

"1948年9月,《新大众》报由武安迁往平山,隶属华北局领导。1949年2月4日,该报出至94期终刊,工作人员迁往北平改出《大众日报》。当年7月,为适应工作重心由农村转入城市的需要,《大众日报》又改为《工人日报》,成为中华全国总工会的机关报。

"《新大众》报在通俗化、大众化方面,逐步形成了自己的独特的风格,为根据地人民所喜闻乐见,也为根据地报刊做出了榜样。"

这篇简介,对《新大众》报有一些过誉的地方。当时,晋冀鲁豫中央局已出版自己的机关报——《人民日报》,太行区党委也有自己的机关报——《新华日报》(太行版)。无论领导力量、政治上的成熟、报纸的党性、新闻报道的迅速,还是言论的权威性与理论性,《新大众》报和这两份报纸都有一定的差距。《新大众》报只是一份群众性的报纸,在适应读者对象的需要上做出了一点成绩。

这里还要说明一点的是:《新大众》报当时的发行数量是排在太行各报前面的,但它是周刊,报价比《人民日报》、《新华日报》(太行版)都低。生活在农村的基层干部与教员,有些还不习惯天天看报,这份报纸他们既看得懂,又买得起,报纸发行数才大量增加的。

由于当时形势发展很快,《新大众》报(包括杂志时期)的经验没有来得及总结。现在看来,《新大众》的基本特点或者说基本经验,主要有以下几点:

第一,切实摆正编者与读者的关系。《新大众》报的发刊词说:"农民大众是这个报纸的主人,咱们办报的是大家的长工。"这个比喻虽然不那么恰当,但它明确了报社和群众的关系。从形式上看,《新大众》的工作人员在编、在写,在教育群众、指导群众,似乎是群众的"上级",是群众头上的"官"。实际上恰恰相反,报社的工作人员是为人民服务的,是为人民谋利益而工作的。对《新大众》的工作人员讲,为人民服务就是为读者、为通讯员服务,而且是老老实实地服务。从根本上讲,这是一个态度问题、立场问题。这个思想不明确,一切都无从谈起。摆官架子,瞧不起工农通讯员,不是经常地、主动地、虚心地听取读者群众的意见,正是因为从根本上摆错了编者和读者的位置。

第二,大家看,大家办。这与第一个问题有关系。华北新华书店编辑部成立时,两条任务里的一条,就是编辑出版通俗读物。整风前,编辑部的每个成员都写过一本通俗读物;整风后,参加温村文教会议,发现群众中有许多能干的人,有些能写善唱,有些虽然不能写,但能讲出自己在实践中的体会,把他们讲的话记录下来,略加修饰,就是一篇内容丰富、语言生动的好文章。这才觉悟到革命的实践是千百万群众的实践,只靠编辑部的几个人去反映这个实践的方方面面,显然是很有限的,因此才决定出版通俗刊物《新大众》。刊物是办给农民群众看的,同时就要吸引、帮助群众来写,使它真正和群众有密切的联系。做到了这一点,也才有利于编辑人员的不断提高。

在叙述中提到过,《新大众》从刊物到报纸,都着重联系、培养通讯员,它们把通讯员看成是报刊与广大读者中间的一座桥,没有这座桥,就过不了河。同时,又把它作为报刊的一项重大任务。报刊既是宣传者,又是组织者,把读者中的积极分子组织起来,提高他们的写作能力,就有助于提高他们去分析事物、总结经验、明确方向的能力。我们党在建立初期就重视报刊的这种作用,吸引各种各样的同情者,要求进步的各类青年,把他们当中的优秀分子变为笃信真理的革命者。这种传统我们是必须继承的。

第三,报刊的通俗化问题。这同前面两个问题又有直接关联。办给工农群众看的报刊,都应该是通俗化的报刊,这是许多人都讲过的,并讲过许多道理。什么是通俗化,怎样做到通俗化,有人用"深入浅出是通俗,浅入浅出是庸俗,深入深出最可恶"这则顺口溜来说明。这里要提到一点的是:革命的政党手里握有真理,并希望这个真理能使广大群众都知道,所以在传播、解释它的道理时,都力求通俗化。这就是一些反动统治者诋毁通俗化、痛恨从事通俗化工作者的一个原因。

其实真正做到通俗化是很不容易的,是很艰难的。首先是深入,要把所讲的道理,自己去真正弄通弄懂,然后是浅出,用群众能够懂得的语言文字讲、写出来,而且要写得准确、鲜明、生动,所以通俗不是文字啰唆,不是淡而无味,而是在深入与浅出两个方面都要下硬功夫。毛主席写的文章与讲话,至今还是从事通俗化工作者的楷模。

《新大众》只是在通俗化上有过一些尝试,有过一些实践,并提出过一些道道。如通俗化不是方言化,文章中要尽可能不使用土语方言;通俗化不是新瓶装旧酒,在创作写新事物的快板、鼓词时,要尽可能避免那些说古书用的旧套子等。当时工作中,既未发动大家来研究,也未发动大家来总结,这不能不是它在通俗化道路上的一个遗憾!

《新大众》的工作历程中,也有许多不足之处。它的主要缺点前面已经提到过，就是：在土改中宣传了一些"左"的东西，过分强调贫雇路线，侵犯了中农利益，个别文章还宣传了晋察冀区"搬石头"（即把原有区村干部一律撤职）的做法。这一点，《新大众》杂志后期的宣传就有了苗头，《新大众》报的宣传就更突出了。如有一篇《彻底平分土地》的快板，讲到贫雇当家时说："咱说开除就开除，咱说查办就查办。咱说处罚就处罚，咱说审判就审判。"有一副新春联，上联是"抽多补少家家扯平"，下联是"抽肥补瘦户户搭匀"。一些典型报道有时用"左"的观点去分析形势，动不动就说"地主坐了天下"；有些编报人的话也比较武断，动不动就说某某该撤职、某某该处分。土改宣传中的这些问题，同当时实际工作中的问题是分不开的，实际工作纠偏时报纸也宣传了纠偏。除土改宣传外，报纸其他方面也有些值得商讨的问题，如版面安排把国内外大事放到三、四版，今天看来就不一定合适。

　　以上三个问题是《新大众》过去的经验，今天来谈它还有没有意义？是否都是过时的、陈腐的东西？恐怕还不能这么看。今天的情况同40多年前的情况自然有很大不同，但我们今天所处的是社会主义初级阶段，我们建设的仍然是社会主义而不是资本主义。社会主义事业是千百万群众的事业，我们所从事的各种工作都是一切为了人民、一切服务于人民的，报刊工作更是如此，因此《新大众》这些已往的经验，今天也还是有点借鉴价值的。

（原载工人日报新闻研究所《回顾思考探索——工人日报四十年》。作者1945年进入《新大众》报，1949年3月转到大众日报社，1949年转到工人日报社，曾任编委、副总编辑兼总编室主任。1979年调国家计委工作，1980年调农民日报社，1989年4月离休）

《工人日报》创刊前后

冯诗云

《工人日报》是1949年7月15日创刊的。创刊前,《工人日报》和北平《大众日报》刊登联合启事:北平《大众日报》在7月14日停刊,《工人日报》在7月15日创刊。这就是说,《工人日报》是在北平《大众日报》基础上创立的。谈到《工人日报》的创刊,就需要谈一下《大众日报》的情况。

《工人日报》的前身北平《大众日报》

北平《大众日报》是在1949年3月15日和《人民日报》、北平《解放报》同时出版的。北平《大众日报》的基本队伍是《新大众》报(在河北平山出版)的成员。《新大众》报是一份办给农民看的报纸,前期归晋冀鲁豫中央局宣传部领导。解放战争开始时,各个解放区都在进行土地改革,《新大众》报就是在这个时候出版的。由于方针明确,就是办给农民群众看的报纸,因此一般时事政治新闻都经过改写、综述,内容简要,文字通俗,所以它的发行数量比当时的《人民日报》大一两倍。后因晋冀鲁豫和晋察冀两区合并,成立华北局,《新大众》报也从武安移至平山,归华北局宣传部领导。进北平前,编辑部只有20余人,加上从华北大学分配来10位同学和做行政工作的同志,总共不过50人左右。这支队伍,3月初坐马车从平山出发到高碑店(当时平汉铁路的火车只从北平通到高碑店,其他各段还在修复)。进北平后,只三四天就出版了《大众日报》。大家热情很高,放下行李,生活上略作安顿,就投入出报工作。《新大众》报是三日刊,用新4号字排印,北平《大众日报》先用新5号,后改6号。从工作量来讲是增加很多的,现在看当时的工作效率应该说是比较高的,但同时也存在着不少问题。

(一)从办报的方针上说,当时华北局宣传部决定,让《新大众》报进入北平,将为农民服务的报纸改变成为工人服务的报纸,这是正确的,是适合中央的战略部署和政治形势发展的,但报纸如何为工人服务,怎样适应刚刚解放后工人的需求,确实没有认真地讨论过。时间紧迫是一个原因,领导力量的分散也是一个原因。当时,《新大众》报的社长王春,1948年底就去参加北平军管会新闻处的工作。在我们进城以前,周扬同志又考虑到《新大众》报在农村有一定的影响,提出将编辑部的人员分成两支:一支到河北省委,继续出版为农民服务的报纸;一支进北平办《大众日报》。虽然,后来去河北的10来个同志因为省委不准备办农民报又折回北平,但人员辗转周折,也就未能集中商量问题。我于1949年2月,随华北局宣传部的同志到北平。以后经周扬介绍,我到军管会新闻处接管原《新生报》。接管工作还未就绪就准备出版报纸,周扬同志是感觉到我们人力薄弱的,所以在出报以前派郑天翔来协助。天翔住在报社,一个多月才离开。报纸创刊时,周扬同志又派吴敏同志来指导。周扬同志自己在人民日报社值夜班,有解决不了的问题,还可以通过电话请示他。由于宣传部加强领导,才弥补了一些出版前准备不足的缺点。

(二)从《大众日报》的发刊词来看,为工人群众办报的思想是明确的,提出了这份报纸是办给工人和其他劳动人民看的,要起"两个工具一个讲台"的作用,这就是"帮助工人及一切劳动人民参加国家政治与国家建设的工具,学习革命知识与文化的工具。同时,它又是工人及一切劳动人民发表意见的一个讲台"。根据当时的形势,报社还将骨干力量安排在北平、天津、唐山这三个点上,和这些地方的领导机关、工人群众增强联系,集中报道这三个地区的动态与经验,来指导一般。现在看来,这种做法也是对的。但由于下列两个矛盾没有得到及时的解决,影响了上述办报思想的完全落实。第一个矛盾是小型报与大型报的问题。《大众日报》当时是4开4版,《人民日报》是对开4版。北平《解放报》开头是4开6版,以后是4开8版。从开张来看,《人民日报》和北平《解放报》可以说是大型报,《大众日报》可以说是小型报,这只是从形式上来区分。从报纸的性质上来看,以时事新闻为主的报纸,不论开张的大小与多少,全国解放前,国民党统治区与解放区是没有大报小报之分的。例如当时解放区出的报纸多为4开4版,没有人认为在重庆出版的《新华日报》(对开4版)是大报,在太行出版的华北《新华日报》(4开4版)是小报。"小报"这个名词,在旧社会是带有贬义的,指的是那些低级、庸俗或刊登黄色新闻、造谣中伤的报纸。过去与现在常有人认为小型报似乎比大型报低一等,并把小型报和含有贬义的小报等同起来。其实,工人、农民的主要时间都用在生产上,他们希望能用比较少的时间知道比较多的事情,要求报纸的文章既要简短,又要充实。小型报价格比较便宜,应该更适合工人、农民的需要。办小型报,在某些方面说,比办大型报更难。它不仅要用较小的篇幅刊登与大型报相同的重要新闻,还要根据自己读者对象的需要,刊登别的报纸少有或没有的材料。因此在对待新华社的通稿与各方负责人的讲话、文件、通告等上面,大型报可以全文登载,而小型报则需根据读者对象的不同加以取舍。但当时《大众日报》没有这样做,原因是蒋介石正在放和平谈判的烟幕,以后是我军渡江,解放南京、上海,这些都是人人关心的事情,特别是有些战地新闻和社论还是毛主席亲自写的,党的各项方针政策往往用负责人讲话的形式来发表,《大众日报》就只有用增加篇幅的办法来全文登载这些讲话与文稿。这样做的结果,既失掉了小型报的本色,又赶不上大型报的优势。要办好一张小型报,编辑部需要不亚于大型报纸的思想政治水平比较高的编辑人才,而《大众日报》在当时,还不具备这些条件,虽然在处理新闻和副刊编辑方面都做过一些尝试,但始终没有形成自己应有的风格和特点。第二个矛盾是在大城市中是否能够办通俗报纸。通俗的含义,就是把较深的道理用大众的语言讲得简单明了。从这个意义上讲,在城市中办给工人群众看的报纸就应该是通俗报纸,这本来不应该成为一个问题,我们在农村办报又有些这方面的体会,但由于《大众日报》是日报,特别是开头一段,工作时间集中在夜晚,忙于编排事务,既缺乏对情况的研究,也无暇顾及文字的琢磨。就我来说,或明或暗还存在以下的思想:进入城市办报与在解放区办报有所不同,在报道上求新、求快,这样也就忽视了了解群众的思想情绪和研究实际工作中的新情况和新问题。通俗报是难办的,因为既要深入,又要浅出。《大众日报》在当时,虽然也保持了部分通俗报纸的做法,但在办报的思想上没有及时解决上述矛盾。

(三)北平《大众日报》是华北局宣传部领导的,进城后,宣传部要管的事和在农村已大不一样,报纸创刊后,许多报道上的问题,宣传部也难于指导。郑天翔同志最早提出来,报纸要和全国总工会挂钩。1949年的五一节以前,他亲自和我一起到全总去谈这件事。他是比较注意要使这张报纸有它自己的特点的,但当时由于我们的力量单薄,每天夜晚在截稿前都要打电话和《人民日报》、北平《解放报》联系,我们没有的消息就由他们送小样来,他们没有的消息就由我们送小样去。以后,发展到这样的地步:赵树理同志写了一篇小说《传家宝》,《大众日报》准备刊登,《人民日报》知道了,要求两家同时刊登,以后北平《解放报》也要刊载,于是这篇小说就由三家报纸同天刊出。后来,张磐石同志批评这件事说:"赵树理的小说又不是毛主席写的文章,为什么要在三家报纸上同一天发表。"

从以上三方面可以看出,《大众日报》没有办出自己的特点。当年6月,毛主席察觉了这个问题,认为三份报纸大体相同,有一份《人民日报》就够了,北平《解放报》和《大众日报》可以不出了。以后,北平《解放报》的大部分同志去了云南。全国总工会要求将北平《大众日报》改为《工人日报》出版,归全总领导,中央同意了。

北平《大众日报》出版四个月中,由于全体工作人员的努力,还是做了大量工作的。首先,是把《新生报》这个烂摊子收拾起来了,到1949年的7月,不仅能够排报,而且还能排书。其次,是在天津、唐山等处成立了办事处,并在华北和东北的某些地区发展了通讯员组织,和工人群众有了一定的联系。再次,经过四个月的锻炼,编辑部和经理部两个机构已逐步健全,改变了初期的忙乱现象。最后,《大众日报》的后期增加了好几个副刊。在支援当时开滦矿工和资方的斗争中,在宣传北平开展的制造100辆电车的运动中,报纸有了一定的影响。也就在这基础上,迎接了《工人日报》的诞生。

《工人日报》创刊时的准备

1949年的6月,薄一波同志约周扬同志、刘子久同志、王春同志和我开了一个短会,正式将北平《大众日报》移交给全总。一波同志简短地讲了几句话,说在山里时《新大众》报还是办得好的,进北平后,办得不怎么好。这个会以后,子久同志到报社,向全体人员讲了话,要求报纸起到党的耳目喉舌的作用。7月1日,全总机关召开庆祝党的生日纪念会时,通知报社参加。立三同志在会上朗读了毛主席的《论人民民主专政》,并讲了他历史上犯过的错误。从这时起,立三同志主持的全总办公会议和全总召开的各种会议,都通知报社参加。报社也专门派了驻全总机关的记者,可以经常听到全总领导对报纸的意见。在加强对报纸的领导这一点来说,是比华北局宣传部领导时具体些了。

可能由于在《大众日报》出版时,已经刊载过工会工作以及各地恢复和发展生产的一些报道,又由于全总机关也是新建,所以对如何办好《工人日报》也缺少酝酿和讨论。我当时也不懂得工会工作,我是经常参加立三同志召开的办公会议的,但对全国总工会当时抓的工作,主要的问题在哪里也不怎么了解。这就使创刊后的《工人日报》基本上还是按着《大众日报》的做法继续下去。

这里所说的基本上照《大众日报》的样子继续下去,指的是报纸的性质。《大众日报》在华北局宣传部领导下,性质是明确的,就是:办给工人群众看的一份小型通俗的群众报纸。但在实践的过程中没有做好,除了上面讲到的在处理一般的时事政治等长稿件中放不开手以外,主要是领导力量陷于日常事务,很少研究自己读者对象的情况,提出群众普遍关心的各种问题。在四个月的实践中,已经存在工业报道、工会工作报道、群众活动报道以何者为主的问题。这三方面都有联系,工人群众是在生产中进行活动的,恢复和发展生产就离不开工会来做工人群众的工作。作为新闻来讲,工业生产中的问题容易构成新闻材料,比较好抓,但这些新闻有的普遍性大,有的普遍性小。作为一份群众报纸来说,首先应该了解群众的思想倾向,提倡正确的思想,反对错误的思想倾向,使群众感到这份报纸是在为他们解答问题,群众才愿意看。当时我们对这种状况虽然有所感觉,但还是比较模糊,因为对出现的问题没有去认真思索。这个问题在《工人日报》创刊后,更明显一些。《工人日报》在发刊词中,曾说明这份报纸是全国总工会的机关报。我没有翻阅过去我们党领导下的各种报纸是否用过"机关报"这个名词。当时我对这个名词的含义了解也很模糊,但在感觉上认为,这份报纸的性质,已从工人群众的报纸变为工会机关的报纸。《工人日报》的发刊词里引用了毛主席在《中国工人》发刊词里的两段话:"我希望这个报纸好好地办下去,多载些生动的文字,切忌死板老套、令人看不懂,没味道、不起劲。""既已办起来,就要当作一件事办,一定要把它办好。这不但是办的人的责任,也是看的人的责任。看的人提出意见,写短信短文寄去,表示喜欢什么,不喜欢什么,这是很重要的,这样才能使这个报办得好。"在实践中没有认真去解决这个问题。我当时虽有一点感觉,但不明确,所以没有和刘子久同志商讨这个问题,只是心里嘀咕工会要办个报纸,难办。同时,我已知道中组部已同意我去西南,就更不想去探讨这个问题了。

当时把《大众日报》改为《工人日报》,这在工人群众中,在各地的工会组织中是有不小影响的。毛主席还亲自给《工人日报》题了报名,并直接给编辑部写了一封信,大意是说,他同时写了几个报名,让我们选择。主席还在有些字旁边画了个小圈,表示也可以把这些字选排起来作为报名。这对当时报社的工作人员和读者群众都是一个鼓舞。《工人日报》创刊后,在工作上也做了些改进,但由于上述的一些基本问题没有得到完全解决,也就不可能避免某些失误。

《工人日报》创刊后的三个月

《工人日报》创刊三个月后,我就调到全总,等待去西南。以后时期的编辑工作,主要由王春同志负责。我参加了第一次工会工作会议,在这段时间,有几件事似可记录。

(一)在报纸上开展批评和自我批评的问题。《工人日报》创刊时,蒋介石在长江以南的残余部队正在土崩瓦解,我军战况的报道显著减少。《工人日报》在工业方面的报道逐步增多,并注意保护工人的利益,批评行政领导上的官僚主义。同时发表一些言论,有了报纸自己的见解,比上一阶段的《大众日报》更有生气。但在开展批评和自批评中,没有注意内外有别,哪些可以公开发表,哪些不能公开发表。李立三同志很关心这份报纸,他每天一早都要把报纸看一遍,发现问题立即找我们去谈,但往往就问题解决问题,造成全总机关对报纸指责多、帮助少这样一种气氛。8月1日的《工人日报》,刊登了一则天津人民印刷厂干部吊打工人的事情,并发了短评。因在这一则新闻中还讲了"天津人民印刷厂从3月份以来承印人民币,花纹模糊,真假难分,甚或一面没印,就当作成品发出,因此常常被银行退回"等一些话,那天上班时,因王春同志还在休息,立三同志把我找去。他对这条新闻很生气,批评严厉,并要陈希文同志(全总文教部副部长)和我一起去征求有关方面的意见,看怎样处理。我们先找了黄火青同志(当时天津市委副书记兼工会主席,正在北平开会),然后又到人民银行找了王显周同志(分工管人民印刷厂),他们的意见大体相同,认为:人民印刷厂确实存在某些问题需要解决,但《工人日报》刊登这条新闻,没有注意到影响人民币的信誉。当时,人民币正在各地发行不久,极其需要维护它的信誉,这是最主要的。陈希文同志和我商量,我们决定先将当日出版的报纸尽可能收回。王春同志知道这件事后,对收回报纸颇为不满,但这件事就这样过去了。

接着,《工人日报》在这个月的11日第2版,刊登了一篇短文《十月革命和中国革命的世界意义》,这篇文章的内容是有缺点和错误的,但我认为,不能只从一篇文章来看,应当从办报的方针来看。作为一份群众报纸,刊登这类文章,应当针对群众认识上、思想上存在的问题来讲,不能抽象地光讲道理。如果从这方面去找问题,我认为对报社的要求就会更高,编辑同志吸取的教训就会更深。处理的方法可以是再写一篇文章来批判前一篇文章的错误论点,同时提出正确的见解。当时处理的方法看来有些简单,《工人日报》第二天即发表了奉命写的、读来令人感到沉重的检讨。这件事情的经过,我不清楚,可能是立三同志直接找王春同志谈的。

(二)继续创业中的问题。前面已经讲过,由于有北平《大众日报》的基础,所以《工人日报》能够比较快地出版,但从一个区域的农民报纸变为全国性的工人报纸,这个变化,我们这些报社的负责人员和全总的领导都很少想到。《新大众》报只是一个区域性的小型农民报纸,并且是华北新华书店编辑部建议晋冀鲁豫中央局宣传部出版的。以后和华北新华书店分开,在人力物力上已经存在着许多困难。后来改为北平《大众日报》,虽然由华北局宣传部决定,通过军管会,将《新生报》的全部财产交付使用,但在围城以前,新生报社长李诚毅已将新的印刷设备、纸张等资产运往香港或分散倒卖。待到我们接管时,除了两座平房院落,几台平板机,勉强可以出报的铜模、字架外,剩下的大多是些破烂的东西。新增加的工人同志和一些职员,开始时由军管会发点生活费,后来由华北局拨给部分经费。华北局副秘书长平杰三同志,在经费的使用上,掌握严格,加上《新大众》报原来没有经理部,进城后,临时抽调原在编辑部的史迈同志兼管经理工作,在物质生活上是无法与《人民日报》、北平《解放报》相比的。我记得出报前,当时管发行的王中保同志把买纸的钱装在口袋里,乘电车时被人扒去,以后又向华北局要了一点钱,只够买印一天报纸的纸,因此每天都得到燕京造纸厂去买纸。卖完当天报纸后,把钱收回来才能去买第二天的纸。原来《新生报》没有夜餐,我们进城时,从解放区来的刘凤山同志,兼做白天和夜晚的饭。白天常吃窝头,夜餐小米稀饭就咸菜,编辑、记者和印刷工人一个样。工人同志吃上夜餐,不仅感到这是一种福利待遇,还感到上下一致,和过去《新生报》不一样。至今,印刷厂的一些老同志还念叨这件事。《工人日报》创刊后,物质生活上虽然有了一些改善,但报社的经济状况还很紧张。因为报纸经常增加篇幅,又不能增收报费。报纸移交给全总领导以后,全总拨给的经费也很少,我们又只管编报不管开支。1949年6月下旬,当时主管经理部的经理张诚同志找我,谈到有无别的办法增加收入。那时,人民出版社还没有成立,我建议他把7月1日刊载的《论人民民主专政》印成小册子交新华书店发行。后来,我与刘子久同志谈了这件事,并建议成立一个出版社,当时全总编辑了《列宁论工会》《英国工人运动》等书。刘子久同志同意用工人出版社的名义公开发行。以后,又印了《工人识字课本》等书,工人出版社便这样建立起来了。工人日报印刷厂不久也开始承印外活,代制铜锌版,这才使《工人日报》的收支逐步走向自负盈亏的道路。

(三)1949年8月,全国总工会召开全国第一次工会工作会议。当时,西南、西北、中南的某些省份还没有解放,有些地区的工会也刚在建立,工会工作有些经验的主要是东北与华北。这次工会工作会议是六次劳大以后,新中国建立以前召开的一次工会工作会议,主要是讨论如何把工人群众组织起来,建立和健全工会组织的问题。会议开头由朱学范同志主持,李立三同志做报告,在长安戏院讲了两天一夜。朱德同志在辅仁大学给与会者讲了一天。会议要结束时,刘宁一同志从国外回来,参加了在全总小礼堂开的一次党内会议。刘宁一同志在这个会上批评了立三同志照搬苏联工会的条例,按照苏联工会的模式建立各种产业工会,没有根据中国自己的情况。立三同志做了答辩,讲到最后,他又做了检查,说过去犯过错误,请在座的同志帮助他,以免老毛病重犯,我感觉他讲话的态度是诚恳的。在他发言后,毛齐华等同志发言。大意是讲了中国工会正在普遍建立,开头要学些苏联的做法,但在学苏联的做法中,也要结合我国的情况,因在解放区时,我们就做过些工会的工作。我当时是代表报社参加这个会,对办好工会的许多道理都不了解,只是做个记录员。党内开的这次会议虽然给我的印象比较深,但因当时正请苏联专家来帮助建设,刘少奇同志曾在怀仁堂召开的一次小会上提出,要尊重苏联专家的意见,不要闹关系,如果闹了关系是有理三扁担,无理扁担三,所以我也弄不清楚全总这次党内会议争论的是非。关于这次会议,报纸如何宣传,我没有向全总领导请示,所以在报社传达时,只是将朱老总和立三同志的讲话念了一遍,党内的争论我没有讲。

会议结束时,全国总工会在北平饭店举行了一次宴会,事前我不知道毛主席要去,参加宴会的人也没有思想准备主席会讲话。《工人日报》是我和张则孙同志(报社采通部主任)去的。宴会虽然席位不多,但我们距离主席的座位还是比较远。当主席问朱学范同志,对中国劳协和全国总工会正式合并有什么意见后,就站起来举杯祝酒,即席讲了10分钟左右的话。大意是工会要防止关门主义,不要把许多能够入会的人关在门外,因为它是工人阶级的群众组织,也要谨防扒手,因为它又是工人阶级的阶级组织。我与张则孙同志看见主席站起来要讲话,便往中间的宴席走去,但都没有记录。后来,许之桢同志(全总秘书长)问我和张则孙同志:"主席讲话你们记了没有?"我们说:"来不及记录。"他很不高兴地说:"你们是记者,为什么不记?"我那时与许之桢同志接触不多,但感觉他和立三同志对人都比较严厉。以后,我第二次在《工人日报》工作时,经常列席全总党组会,许之桢同志主持会议,碰到讨论的问题是工会的一些具体问题时,他就叫我先走,说和报纸没有什么关系。据说,他在苏联远东办过报,在延安搞过出版工作,是知道办报的苦乐的。

现在立三、之桢、再温同志(全总组织部部长)都已经离开了我们,当时他们和子久同志一起,对《工人日报》的创办都是注意过、关心过的。虽然我在前面叙述了一些个人的看法和意见,但是常言说:万事开头难,《工人日报》一直延续出版到今天,我们这些曾经在《工人日》报待过的人,不能不怀念全总当时的这些领导同志,不能不怀念《工人日报》最早的负责人王春同志。

(原载工人日报新闻研究所《回顾思考探索——工人日报四十年》。作者1946年2月至1949年2月任华北新华书店副总编辑,1949年3月转入大众日报社任副社长兼总编辑,1949年7月至9月、1955年至1958年3月两次担任工人日报社副社长兼总编辑)

王春、赵树理书报支前

裴余庆

近日读《人民日报》梁衡先生的文章《我们为什么要阅读》，文尾写道："忽然想到一个故事：第二次世界大战期间，美国为克服军营的枯燥冷寂，提高士气，向军队提供了1.2亿本'军供版'图书。战争打赢了，这些图书功劳不小。"由此想到了20世纪40年代发生在我们太行山区王春、赵树理书报支前的故事。

1946年6月，国民党不顾全国人民的强烈反对，以围攻鄂豫边宣化店为中心的中原解放区为起点，相继在晋南、苏皖边、鲁西南、胶济路及其两侧、冀东、绥东、察南、热河、辽南等地，向解放区展开大规模的进攻，全面内战爆发。国民党用于进攻解放区的兵力总计160余万人，达到其总兵力的80%，蒋介石声称，只需3到6个月，便能解决中共军队。7月20日，中共中央发出《以自卫战争粉碎蒋介石的进攻》的党内指示。按照毛主席、党中央的战略部署，刘伯承、邓小平指挥的晋冀鲁豫野战军为配合苏皖解放军作战，并吸引围追中原解放军的国民党军队，于8月中旬向陇海路徐州至开封段南北出击，并歼灭国民党军1.6万余人。接着转战内线，采取诱敌深入的方针，迎击由徐州、郑州向鲁西南钳击的国民党军队，于9月上旬在定陶地区歼灭由郑州出犯的国民党军队4个旅约1.7万人。在此前后，晋冀鲁豫野战军陈赓所部还在晋南作战中取得闻(喜)夏(县)、同蒲、临(汾)浮(山)诸战役的胜利，其中的临浮战役歼灭胡宗南部号称"天下第一旅"的整编第一师第一旅。到9月底,晋冀鲁豫野战军共歼灭国民党军队5万余人。

10月初,晋冀鲁豫中央局书记邓小平在战役间隙从前线回到中央局所在地武安冶陶镇召开中央局工作紧急会议,王春作为华北新华书店总编辑和新大众杂志社社长参加了会议。会上在部署支前工作时,邓小平特别指出前方将士急需大量书籍、报纸,改善部队的政治文化生活,要求书店、杂志社组织图书报纸慰问前方将士。

王春连夜赶回驻地,与赵树理、苗培时等商量,清晨即在新华书店和杂志社进行紧急动员。当时的新华书店是集编辑、出版、印刷、发行于一体的出版部门,总店要求驻武安、涉县、邯郸、邢台、安阳、新乡、长治、晋城等各地分店迅速行动起来,捐书报、画报,并于1946年10月15日在《新大众》第28期上刊登启事:"前线战士需要精神食粮,要看书、看报,我们要满足爱国自卫的战士们这个要求,发起书报劳军,盼望《新大众》的每个作者、读者同志,大家来捐款。"最初的动员对象是该刊的2000多名通讯员,后来扩大到许多读者。该刊在第29期至32期,开辟专页,公布捐款名单。

启事登出后,新华书店和新大众杂志社干部职工率先垂范,王春(化名王君瑜)、赵树理(化名赵启明)等每人捐款500元,迅速在太行、太岳山区及晋冀鲁豫边区掀起了书报支前的热潮。从机关干部到中小学生,从边区政府领导到工青妇工作者,从专员到马夫,人人捐款捐物,仅3个月就捐到冀南票350万元。报社组织书报支前工作小组,由编辑苗培时等人组成,将书报送到晋冀鲁豫军区司令部,受到了刘伯承司令员和邓小平政委、张际春副政委的亲切接见。晋冀鲁豫军区宣传部特来信致谢。

按照前线部队要求,新大众杂志社专门开辟了拥军专栏,采编前线战士奋勇杀敌的英雄故事以及解放区拥军的先进事迹。调配力量及时将杂志、图书源源不断地送往前线,送到战士们手中。在此期间,作为《新大众》副刊主编的赵树理,当时《小二黑结婚》已在太行区印数达到40万册,长篇小说《李有才板话》正在延安《解放日报》连载。为了书报支前,赵树理又写出了戳穿国民党挑起内战阴谋的小唱剧《巩固和平》,又撰写和编辑了一些评论、快板、诗歌。赵树理感到这些短平快的东西更适合前线阅读。没有想到,前线战士对赵树理的小说情有独钟,不少前线来信希望看到赵树理新写的小说。于是,赵树理用几个晚上勾画出了反映农民翻身解放的长篇小说《刘二和与王继圣》提纲,写出一章发表一章,在《新大众》连载,受到了前线战士和解放区人民的欢迎。1947年1月31日,《新大众》刊登启事说,现已送前线书报15000册,现有存款还能印书报20000册,现停止捐款,向社会各界致谢。

赵树理的小说《刘二和与王继圣》,写出了解放前刘二和饱受地主阶级政治压迫和经济剥削的悲惨生活场景,写出了刘二和尽管解放了,分到了土地,但对新政权能不能巩固,封建地主依仗国民党反动派会不会反攻倒算忧心忡忡,还写了王继圣在解放前为虎作伥欺压百姓,解放后摇身一变又钻进了新政权继续把持农村基层权力的复杂局面。赵树理告诉正在前线作战的解放军战士们(他们大都是来自解放区的翻身农民):翻身农民既要经济翻身,更要政治翻身,保护新政权才能保护胜利果实,打倒国民党反动派解放全中国才能巩固新政权,建立人民当家做主的新中国!

书报支前为前线战士送去了精神食粮,极大地鼓舞了前线将士奋勇杀敌的士气。在晋冀鲁豫战场,刘伯承、邓小平指挥的晋冀鲁豫野战军主力,在黄河南北的鲁西南、豫北两区,或南下,或北上,在大踏步进退中先后举行鄄城战役、巨（野）金（乡）鱼（台）战役和豫皖边战役。由陈赓、谢富治指挥的另一部主力在晋西南举行吕梁战役、汾（阳）孝（义）战役。从1946年11月到1947年2月，这两个战场上的人民解放军共歼敌6万余人，粉碎了国民党军队打通平汉路和偷袭延安的计划，配合了华东野战军和西北野战军的作战。1947年3月至5月，晋冀鲁豫野战军在豫北和晋南分别举行豫北和晋南攻势，歼灭国民党军5万余人，解放了豫北、晋南大片地区，打通了晋冀鲁豫和晋察冀两个解放区的联系。按照中共中央部署，晋冀鲁豫野战军开始了由内线转向外线、由战略防御转向战略进攻的准备。

1947年4月15日，晋冀鲁豫军区政治部向《新大众》和新华书店发来了表扬信："敬启者新大众社热心服务自卫战争前线，发起书报劳军，数月以来蒙各界爱国同胞各机关团体工作同志踊跃捐款，经由新大众社购买的有关书籍，源源运往前线，保证了前方将士精神食粮之充分供应，鼓舞了士气，敝部谨代表前线全体将士表示谢意。此致敬礼！晋冀鲁豫军区政治部谨启。"

1947年至1948年，晋冀鲁豫边区《人民报》发行量是1.2万份，《新大众》发行量达到4.6万多份，深受军民喜爱。邓小平欣然为《新大众》题词："宣传毛泽东思想是新大众的责任。"

（原载2017年5月7日《太行日报》）

赵树理与王春

田澍中

王春是阳城县固隆乡东四侯村人,他是赵树理的学长、入党介绍人和大众文艺最有力的支持者,研究赵树理,绕不过王春。

几位著名的赵树理研究专家将二人定位为亲密战友,其中一位写道:"在中国的作家群中……恐怕再没有比赵树理与王春至深的友情和友好了。"

王春是赵树理新思想的启蒙老师

赵树理1925年考入山西省立长治第四师范后,结识了王春。王春小赵树理一岁,高赵树理两个年级。当时的赵树理依然没有从少时爷爷传授的三圣教中解脱出来,仍然信奉他心中的偶像——民国第一神童江希张。他每次阅读江希张的《四书白话解说》,还像以前一样,洗净手脸,正襟危坐,同学们都笑他迂腐。阳城人王春给他讲破除迷信的道理和五四新文化,他不服,与王春辩论,每次都败下阵来。只三五个回合,他就服了王春。王春向他推荐了梁启超、陶行知、严复、林纾、陈独秀、胡适等人的著作和五四新文化书籍。起初他读不下去,后来读了三两本后,对王春推荐的书如获至宝,爱不释手,便疏远了三圣教和江神童。由此,他思想解放了,确立了反帝反封建的新思想,信服了王春,将王春视为偶像,称王春为王先生。

在校期间,赵树理和王春过从甚密,有事商量,总是听王春的意见。经常文郁、王春介绍,他加入了中国共产党,在驱逐校长姚用中的学潮中,他都是站在王春一边,成为积极分子。他后来多次回忆说,王春是我的第一个启蒙老师。

艰难困苦中的王春与赵树理

1928年春,阎锡山与蒋介石合伙反共,在山西大肆抓捕共产党人。在长治第四师范,先是王春同班的一个党员被捕,10多天后,与赵树理同班的晋城人常文郁也被捕了,全校人心惶惶。赵树理和王春两人相偕一路向西,走进沁水、安泽、阳城一带的大山里躲避,后他们来到阳城县原庄王春亲戚家里,赵树理只住了一夜,就回到尉迟村。分别时,王春说,今后要"有福同享,有难同当"。赵树理回家后,在离家仅二三里的开明寺找了个差事,教小和尚识字,倒也无妄无灾。过了几天,他突然想到,王先生还在原庄亲戚家里住,生活得好吗?寄人篱下,没有钱财是万万不行的。于是,他回到原庄和王春商定,他在以原庄为中心的30里内行医、卖字画,赚了钱两人平分,并约定每10天来送一次钱。这样,赵树理就在阳城与沁水交界处的羊泉、张村、土沃等山村里和阳城与济源交界的东冶、三窑、克井一带走村串乡,行医、卖字画。在张村,赵树理不幸传染上了疟疾,住在板桥大庙里自诊自治20多天,捡回一条命来。当时,张村、土沃一带疟疾流行,发病率与死亡率均很高,老百姓缺医少药,一人得病,全家着急,全村惊慌。赵树理就打起治疟疾的招牌,把疟疾的症状编成歌,走一路,唱一路,治一路,治好了许多传染病患者,收入也相当可观。他重承诺,讲信用,按期回原庄送钱,王春很是高兴。

王春是赵树理大众文艺的坚定支持者

赵树理在1956年中国作家协会的文艺整风中,做检讨时说道:"我在学生时期,常把自己爱好的文艺作品(《小说月报》上的)介绍给家乡的老同学或我的父亲看,可是他们连一篇也看不下去,我自己最初也是经过王春费了很大力气才读下去的,因而使我怀疑了那种作品的群众性,同时产生了写大众化作品的想法。1933年在太原,我把我的意见向王春说了,王非常赞成,我便开始了用群众语言试写东西。"

可见,早在1933年,王春就支持赵树理的大众化、通俗化文艺思想。

1937年,赵树理结束了10年的流浪生活,在阳城县参加了牺盟会,任特派员、区长。王春原任四区区长,调任二区区长后,赵树理接任。1939年7月,王春调长治专署,任《黄河日报》(路东版)主编。随后,赵树理亦调长治专署民宣科工作。发现王春和赵树理的才能,并把他们调往长治专署工作的,是时任山西专署秘书主任杨献珍。其间,赵树理的写作才能凸现出来,他写的传单、快板等宣传品,在民间影响很大。他兼搞戏剧工作,亲写剧本,组织剧团演出,他的写作名声越来越大。11月,经王春推荐,赵树理调《黄河日报》(路东版)任副刊编辑。自此,两个老同学共同度过10年互相帮扶、心情愉快的日子。

1940年2月,牺盟长治中心派人来《黄河日报》(路东版)工作,因他们未带介绍信,发生了矛盾,王春被扣,赵树理据理力争,他们还不放王春,赵树理异常气愤。王春的主编被免,新来的主编以为《山地》

不够艺术,就更名为《晨钟》,专发新诗、新小说等,赵树理改任司务长,管伙食。后来,赵树理到平顺县石城参加中共太南地委机关报《人民报》的编辑工作,仍为副刊编辑。他在办刊宗旨和文章风格上继承了《山地》的风格,这张报纸受到抗日根据地军民的喜爱。这年6月,赵树理调到设在武乡的《新华日报》(华北版)做校对,王春任科长,两个老友经过短暂的分离又聚在一起了。后来他们的工作虽频繁变动,但都在晋冀豫区党委、晋冀鲁豫区党委领导的宣传文化部门工作,王春是赵树理的直接领导,一直到新中国成立。

这一个时期是赵树理一生最重要的成长与成熟时期,是他一生最辉煌、最愉快、最得意的时期。他出版了《小二黑结婚》《李有才板话》等轰动全国文坛的小说,被誉为"赵树理方向",成为一颗耀眼的新星。

对于这颗新星的升空,王春注入了巨大的推力。他俩有共同的文学观,就是:坚持文学的大众化、通俗化和与封建文化做斗争。他们认为,太行山根据地的群众在政治上翻了身,但思想上还在受封建文化的毒害,向封建文化进行斗争是十分迫切的任务。他们坚持要用通俗的新作品占领封建文化的阵地。但当时一些从大城市来的文化人瞧不上他们的这一套,认为通俗化的作品"庸俗",登不得大雅之堂,持这类观点的领导和同事不少,但王春与赵树理的大众化文艺观坚定不移,从未犹豫和退缩。王春任新华书店总编辑时,专出大众化、通俗化的小册子,抵制知识分子腔调的文学作品。赵树理以后回忆说:"我在太行山时,在新华书店编文艺书籍,总编辑是王春同志。我们大概有些'左'倾冒险主义,凡是在文章中带有八股气的,一概不予出版,挨了很多人的骂。"1943年,毛泽东《在延安文艺座谈会上的讲话》传到太行山后,赵树理和王春的文学观才得到认可,赵树理高兴地说,毛主席批准了我的文艺主张。

1946年夏,赵树理在阳城县工作了一段时间。他接到王春来信,信中说,新华书店有了地方,写稿子还可发点稿费,请把嫂子带来吧。这封信等于说领导批准他带家属。这年10月3日,赵树理带着爱人和女儿离开家乡,来到新华书店驻地河北武安县冶陶镇居住。

《小二黑结婚》《李有才板话》相继出版后,赵树理的名字响遍全国,但读者并不了解这位通俗作家的经历,对赵树理的出身,说法很多,既不全面,也有错误。于是,王春写了《赵树理是怎样成为作家的》《赵树理的身世》等评介文章,向读者展示了一个真实的赵树理。

谁发现了赵树理? 一老友说,王春是赵树理的伯乐,也有研究文章称,是王春发现了赵树理。

《百年潮》2002年第1期,发表了当年《新大众》报几位老同志回忆赵树理的访谈《怀念赵树理》,文中原《新大众》报编辑部主任齐山说,如果要说是谁发现了赵树理,那么就时间的先后来说,第一个发现者是王春。王春是山西阳城人,出身农家,博学能文。他和赵树理是山西省立长治第四师范同学。他是赵的思想启蒙者和政治上的引路人。1928年春,在国民党"清党"的白色恐怖下,两人曾相偕逃亡。1933年间,王春读到赵树理的一篇通俗小说,便写了文章,以为提倡。1939年,王春有机会主持《黄河日报》(路东版),就约赵树理去编副刊《山地》,使他得以一展所长。可是,王春当时还没有什么名望和地位,他虽然一直关怀着赵树理的创作活动,有时也为他们共同的主张(关于大众化、通俗化以及大众文化等一些带有理论性的问题)进行鼓吹,无奈人微言轻,不为社会所重视。所以从更准确的意义说,对于推出赵树理起了关键作用,亦即称得上发现老赵的是时任中共中央北方局秘书长兼北方局党校教务长的杨献珍。正是他,把擅长通俗文艺写作的赵树理和热情支持这种写作的王春,都招揽到北方局党校调查研究室。

杨献珍1940年1月起任中共中央北方局党校党委书记兼教务主任、北方局秘书长,1943年他读了《小二黑结婚》后十分欣赏,就推荐给时任北方局书记的彭德怀及其夫人浦安修。彭总看了,认为可以印刷发行。其间,彭总还亲笔题词"像这样从群众调查研究中写出来的通俗故事还不多见",落了款,交北方局宣传部部长李大章送新华书店。

1951年12月30日,王春因肝癌去世。赵树理写下《忆王春同志》一篇千字文,发表在1952年3月25日的北京《新民报》上;3月30日易题为《东鳞西爪忆王春》发表在《工人日报》。文章肯定了王春对大众文艺与大众文化的贡献,文末说"这些印象数起来是数不完的,容我以后有工夫再给他写个详细的传记吧!"不料,因各种原因,赵树理没写成王春传记,不能不说是一个遗憾。

自王春去世后,赵树理仍一直关注和关心着王春的家事,赵树理与王春的感情在王春死后又继续了16年。

(原载2017年由山西人民出版社出版的《赵树理纪念文集》,作者系中国作家协会会员、中国赵树理研究会常务理事、晋城市文联原副主席)

语言学家王春留给我们的财富

宋正轩

王春是我的乡先辈,我是听着他的故事长大的乡后辈。上学时,拜读过他写的文章;工作时,接触过别人写他的文章;退休后,收集整理他写的文章和别人写他的文章。随着时间年轮的不断转动,王春这位乡先辈、革命先驱的高大形象,在我的心中逐渐地清晰、完整起来。王春不仅是一位新闻学家、出版家、文艺评论家和赵树理的挚友,还是一位语言学家。

关于王春是一位新闻学家、出版家、文艺评论家的故事,以前大家说得很多了。王春是一位语言学家,这是近几年我在走近王春、学习王春、研究王春的过程中才逐步认识到的。大家知道,在中国20世纪文学史上,在太行、太岳革命根据诞生了一位一生为农民写、写农民的大作家赵树理,也知道王春是赵树理走上革命道路的引路人,是赵树理文学大众化、民族化的坚定支持者。赵树理小说最成功之处是他的语言,周扬称他和茅盾、巴金、老舍、曹禺为当代"语言艺术大师"。可鲜为人知的是,赵树理成为"语言艺术大师",是和王春分不开的。

从神童到王夫子,显示了王春的语言天赋。1917年正月,10岁的王春,随父亲进城,穿街而过,立马背下县署和各商号的对联,人们不住地赞叹"真神童也!"1920年,王春考入阳城县立第五高等小学,全县在文庙组织竞艺会,他一举夺得头名,受到县长的嘉奖。1923

年,王春以优异的成绩考入山西省立长治第四师范,博览群书,接受了五四以来的新文化、新思想。尤其是他的古汉语功底和语言天赋进一步显现出来,令赵树理佩服至极。正如赵树理所言:"王春此时的古文写作程度成熟得很,为文不宗一家,而所制作混之古文中殊难辨认。"因此被同学们称为王夫子。

赵树理受五四新文化影响,回乡宣传鲁迅等新文学受挫,开始摸索走新的路子,一开始就得到王春的坚定支持。正如赵树理所言,早在1933年,他读了赵树理半篇未完成的通俗小说,引起他提倡大众文艺的动机,自那时起,他的兴趣就引到这一方面了。1939年,他得到了个编小报的机会,就约赵树理去编《黄河日报》(路东版)副刊《山地》,"便把多年的理想化为事实——其中形式上鼓词、快板、童谣、故事等无所不包,而总的政治内容以发动人民抗日、揭穿阎锡山反共反民主的阴谋为范围。那时的小报与任何报纸的面貌都不一样,贴在各县城的街道上,凡认得字的人都愿看看,往往弄得路为之塞"。

1941年8月上旬,王春和赵树理、林火等人发起成立通俗化研究会。1943年,毛泽东《在延安文艺座谈会上的讲话》传到太行山以后,王春更加注意了普及工作。1946年,太行山的文艺界说他们有门户之见,王春便将延安所出版的《解放日报》和能收集到的几份地方报上登载的合乎大众化的短篇小说选了三个集子,以证明提倡并实际写大众化文艺作品的人都是不谋而合的,绝不是要在一处树立什么门户。1949年10月15日,北京市大众文艺创作研究会成立。王春和他的同事们提出"利用或改造旧形式,来表达一些新内容,完全创作大众需要的新作品,把这些作品打入天桥去"。

正如伟大的时代造就了伟大的人民作家赵树理一样,抗日战争和解放战争也造就了一大批优秀的文化、文学人才。正是在实现文学的民族化、大众化的过程中,催生王春成为编辑大家、评论家和语言学家。

1945年6月,王春任华北新华书店总编辑。当时处于战争环境,华北新华书店是个半军事化的单位。这个书店是写书、编书、印刷、出版、发行一条龙。书店编辑部聚集着包括冯诗云、赵树理在内的一大批秀才,办了多种刊物,影响最大的要数《新大众》。《新大众》始终把为工农兵服务、为读者服务作为自己的根本指导思想,并把这一思想贯穿在稿件的内容、形式以及编辑部的各项工作中。《新大众》的读者主要是区村干部、中小学教师。因为是办给农村读者看的,王春不仅要求编辑部的同志写的东西要通俗化、大众化,而且要求《新大众》多用通讯员的来稿,要耐心帮助通讯员,并且特别重视编者和读者之间的联系,每期杂志的通讯员来稿都要占到2/3,王春要求通讯员"话怎样说,稿就怎样写,写别字,写得不通顺,都不怕"。《新大众》有2000多名通讯员,对他们的来信,有一个时期几乎做到每信必复。对不会写作或者手头没有写作材料的,先鼓励他们反映群众中存在的各种问题;有些稿子写得不清楚,就反复请他们补充材料,或者拿来合在一起重新编写。有的通讯员工作忙时甚至几个月未来稿,编辑部照样写信和他们联系,照样帮他们解决困难和问题。

当时,通讯员来稿中存在写文章空洞无物的通病,为普及写作常识,培养、提高通讯员的写作能力,《新大众》杂志专门开设了《自修室》栏目,王春对症下药在《新大众》第10期上发表了《写具体的》一文。文章开始就好像两位老朋友拉呱,平缓地娓娓道来:"有些话说得太熟了,就把人的耳朵弄麻木了,听起来只是嚷嚷响,再没人会去追求它的意义。就像我现在写的这个题目——《写具体的》——这在读者看来,一定也会说,这不又是什么'具体化、形象化'那一套,大约看了也不会有什么用处。不过可不要这样说,这实在是写作上的一个大问题,万不可一滑滑过去。"强调了写具体的的重要性,然后又解释了"什么叫作具体?就是硬邦邦的实在东西。比如你说某村实行了民主,这就是一句不具体的空洞话。因为你光说民主,人家并不能知道他的民主表现在哪里。你必须把一些民主的事实硬对硬地给人家写出来,那时候你就是不说民主,人家也会知道某村确是实行了民主。所谓写具体的,或者说具体化,就是这个意思。"文章接着又指出:"我们写东西最容易犯的一个毛病,就是说空话,而不写具体的东西。"同时结合实际分析了好犯这种毛病的原因是:"这是因为空话可以想着说、学着说,或者抄着说,而具体的东西,却必须是硬对硬地去调查研究,不能瞎写,避难就易,偷懒取巧,这是人们的通病。"下面又进一步指出"空话使人家听着没味,空话不能说明问题"的两个危害。最后提出"用具体的东西来说明问题""通过具体来发抒感情""通过具体来说明思想主张"的三个要求。文章观点鲜明、层次清晰,是什么、为什么、怎么办,讲得头头是道、清清楚楚。这篇文章在当时对文化普遍不高,不懂怎么写、写什么的通讯员来说,不仅起到了引导、培养、提高的作用,更起到了雪中送炭的作用。真是茫茫黑夜有航灯,写作路上明方向。木匠遇到了好师傅,通讯员们碰到了好导师。

  从读者的实际出发,《新大众》杂志在内容上追求丰富多彩,形式上追求生动活泼。我在长治、武安、北京以及全国各地收集材料的过程中,隔着那厚厚时光的尘埃,翻越着那一期期发黄的杂志、报纸,看着那一个个短小精巧的专栏设计,看着那一篇篇动人心弦的历史篇章,什么《天下大事》《大众信箱》《有问必答》《小辞典》《中华英烈传》,如串串珍珠;什么《理必说清 事可活办》《怎样认识目前时局》《全面抵抗、游击战争遍布敌后,战斗到底、粉碎蒋贼和平骗局》《救人民黄巢兴大义,搬沙陀李俨卖民族》以及玻璃柜中的晋冀鲁豫中央局版那已褪色的《毛泽东选集》,宏文巨制,如满地黄金。

单说《新大众》报,在人口不到500万的太行区,发行份数竟然超过4.6万多份,而且大都为自费订阅,可见读者对它的喜爱达到了何种程度。由于方向明、路子对,《新大众》报突出了通俗、易懂、实用的特色,所以吸引了大量的通讯员来稿。在几千份的来稿中,王春又发现"有些初学写作的同志,不晓得标点符号的用法,还有些人,不会给文章以恰当的分段"的实际情况,于是在王春的提议下,《新大众》首次开设《写作讲活》栏目,并亲自撰文在《新大众》第28与37期《写作讲活》栏目内,发表了《标点与分段》(上下)。

在《标点与分段》(上)中,他重点讲了"标";在《标点与分段》(下)中,他重点讲了"点"与"段"两个内容。

在《标点与分段》(上)的部分里,他先指出"标"与"点"的不同,接着阐述"标是标记、记号的意思,比如我们在人名、地名的旁边画上一杠,这就是标明:这几个字用在这个地方,是只当作一种特殊的人、地名称而使用的,并不管这些字原来的意义是什么",指出"这种标记的好处,就在于它能够把那些只当作特别名词用的文字标记出来,使我们一看就知道这是个人名、地名或者旁的什么名称,不至于误会"。

然后举了三个有意思的文句因妄加钻研,以至于弄错的例子加以说明。第一个例子是:古时第一个给《离骚》做注的王逸,在给读者解释屈原的"原"字时,便注道"高平曰原",意思就是高而平的地形叫作原。谁知这句话竟被现代有名的大学教授陆侃如、冯沅君夫妇加以误解。他们在合著的研究屈原的书上,竟把这句话抄写成:"高平曰'原……'"意思就是:有个叫高平的人说。大学教授弄出了大笑话。

第二个例子是：抗战初期，山西的决死纵队曾攻克过长子县石哲镇。因电报上不用标点符号，这则军事新闻竟被中央社的译电员弄错了。他不晓得"决死三纵队"是个部队番号，也不晓得"石哲"是个地名，结果凭想象变成下边的样子传播出去："山西我军奋勇决死敌石哲部队三纵部！"这里，把具体的"决死三纵队"变成了空泛的"山西我军"，把"决死"解成"杀死"的意思，把地名"石哲"变成日军的部队番号，把"三纵队"变成敌人的三个纵队。

第三个例子是：张家口出版的《北方文化》第2期上，登了一条"老教育家王振华先生，前上海各界救国会负责人之一，罗青先生和宿彦先生等最近在晋冀鲁豫边区邢台市，积极准备新华大学"的文化消息，也是因电报上没法加标点符号，而译电员又不晓得"宿彦"是名流学者的意思，而把它当作人名理解而出错。以上三个例子，加以说明"不用特别的标记来标明那些特别的名词，其害处是很大的"道理。

然后又进一步阐述"就日常文章说来，这些须标记的特别名词，是并不很多的，它们有个共同的名称，叫作私名"。日常碰到的，不外人名、地名、朝代名、书名、机关团体名、天文学上的天体名称等五六种。

接着做了四点说明：私名和非私名的界限并不十分严格，私名固然应加标记，但如果这个私名已为人共晓，并没有误会为别的文字之危险，那就不必杠线满纸，以省麻烦；一般是书名用曲线，其他私名用单杠就行；我们出的书及文章，为何不按规矩把该标的地方都标出来，原因是受印刷器材的限制，并不是看不起标点符号之意。

再接着又讲了"私名标记以外，还有几个另作别用的记号"（括号、引号、删节号、转折号）的内容。

在《标点与分段》（下）的部分里，他先讲"点"（句号、逗号、夹号、分号、冒号或结号、问号、惊叹号)的种类和用法,后讲分段的两个原则:一是每一段必须有一点独立的意思在内,二是为了把自己的中心意思突出地表示出来,往往需要把每段或全篇几句结论,另作一段来写,以提醒读者注意。

王春在《标点与分段》(上下)文中,讲到的标号与点号的种类和使用,与我们现在使用的《标点符号用法》中的16种标点符号有所不同。新中国成立后,加快了标点符号的规范和修订。1990年3月,国家语言文字工作委员会和中华人民共和国新闻出版署根据目前文字的书写排印已由直行改为横行,标点符号用法也有某些发展变化的情况,对原《标点符号用法》进行了修订,增加了连接号和间隔号,由原来的14种增加为16种。

那么,回过头来再看王春在《标点与分段》(上)中,如何讲标号的种类和使用。在标号这一内容里,他讲了删补号、删节号、隔开号、转折号四种标点符号。删补号,文中指方括号,实际上归为括号类;删节号,文中指省略号,实际上应去掉删节号这个名称,归为省略号;转折号即指破折号,实际上应去掉转折号这个名称,归为破折号。

在《标点与分段》(下)中,其中讲到了夹号和冒号或结号两种点号。我们先说夹号,什么是夹号,文中举了一个"德、意、日法西斯主义"的例句,并说这里的"德、意、日",就是三个同类的词,所以要用夹号把它们隔开。由此判断,这里的夹号就是现在所使用的顿号。再说冒号或结号,原文讲了它的两种用法:一种是总起下文的,如"我的意见如下:";另一种表示总结上文的,如"太行、太岳、冀南、冀鲁豫:合成一个晋冀鲁豫边区"。这里用了两个名称,讲了两种用法,按修订后的《标点符号用法》,应该是冒号的两种用法。

经这样一分析,我们就清楚了当时王春讲的标点符号的种类和用法为何与修订后的《标点符号用法》不同的原因,是因为当时是建国前。尽管不同,但小标点,大贡献。在当时那个历史背景下,重视标点符号使用的规范化,既提高了通讯员的写作水平,普及了人民大众对标点符号的分类和使用的常识,又为文艺的通俗化、大众化做出了不可磨灭的贡献。正是王春这种一丝不苟、严肃对待小标点辅助工具的认真精神,在太行山的偏僻山沟里,由王春主编、华北新华书店出版的晋冀鲁豫中央局版《毛泽东选集》,成为建国前出版的《毛泽东选集》中,"篇幅最多"(61篇)、"内容最丰富"(内容涵盖大革命时期、内战时期、抗战以来)、"编排最合理"、"装帧最美"的一部《毛泽东选集》。在我国《毛泽东选集》出版史上写下了光辉灿烂的一页。

1947年6月和8月,他又在《新大众》第38期和第40期上发表了《文章的效果"懂"与"动"》(上下)。文章开门见山直接指出:一篇文章,必须收到两个效果,然后解释两个效果:一个是叫人家懂得你说的是什么,一个是要叫人家依着你意思动作起来,即能动人。至于怎样才能收到"懂"的效果,他讲了以下七点:第一要不写错字,第二要讲究语法,第三要会用标点符号,第四要中心明确,第五要条理清楚,第六要前后照应,第七要确立读者观念——到底是写给谁看的。至于怎样才能收到"动"的效果,他首先讲了文章"大体不外议论、叙述、抒情"三种类别,然后分别举了政治上的宣言、报纸上的社论,一般的通讯、小说,颂扬的诗句、追悼革命烈士的祭词、诉苦会上的哀歌等三类例子加以进一步阐述,最后讲了写议论文、叙述文、抒情文三种不同文体的要求。他指出,写议论文要"文理密察",即文章的结构、你所主张的道理,周密而没有漏洞,透彻而不含糊,像《解放日报》的社论一样,拿出战斗的姿态与清楚的头脑,写出来能够表现"理直气壮";写叙述文字"最扼要的办法就是写得具体","切忌多发空论,最好一直说事实";写抒情文"就是要写出真情","不要多写空洞的乱歌颂、乱叫唤的文章"。

后来,我们又欣喜地看到了王春之子王小兴先生手头保存的他父亲的一篇《语文四病》的手稿。迄今为止,还未发现在什么杂志、报纸上公开登载过。文稿开头叙述说"我试着归纳了一下",然后亮出"觉着我们日常所写的文章,在语言文字方面有四项弊病,须得改正"的观点,接着又十分谦逊地说:"乘着北京市文联的成立,冒昧写出来,贡献给大家参考,对与不对,自己都不敢决定。"写出了他的心态。

文章在第二部分里分别列出了四项弊病的名称:一是句子太长,二是不注意文法,三是用韵的文字硬凑韵,把语言变得颠三倒四,或是编造些没有的话,四是诗的形式不为大众所理解。同时在分别列出的每一项弊病中,都把日常所写文章中的错误句子,作为例子一一加以论证、分析、说明。最后提出希望并发出号召,希望"我们承认它们是病",发出"为了大众的利益,改正过来"的号召。文章按照提出问题、分析问题、解决问题的逻辑思路,采用摆事实、讲道理的方法,以理服人。讲者谦逊和蔼,听者心悦诚服。正是这些写具体的、标点分段、懂与动、改弊病等有关知识的普及,才使通讯员的队伍不断扩大,水平不断提高,报刊的质量也随着不断提升,相互促进,良性循环。

作为语言学家,王春不仅是这样指导别人去写的,更是身体力行这样去做的。他写的文章锋利泼辣,一语中的,同事们把它概括为10个字:"明确、尖锐、流畅、简练、通俗。"无论是用本名还是用笔名王千秋、王季首、王君瑜、胡启明、王纪春等写的著作或者杂文、史论、短评以及社论,都无不体现了这些语言特征,如他著的《历史故事》《重庆的喜剧》《愚公移山》《美国侵华史话》《仇人美帝》《写作零谈》等书,如他写的《怎样认识目前时局》《谁不给谁留出路》《继续向封建文化夺取阵地》等文章。而对发表的文章无论从形式还是内容,都要求十分严格。在质量上对内对外一个样,一把尺子量到底,坚持质量第一,反对粗制滥造。对那些使用生吞活剥的欧化句子和大众不懂词儿的书,统统不出;对那些群众听得懂,听了受感动的书,不仅预先打广告,还一版再版。《晋冀鲁豫边区文艺创作小丛书》就是从解放区优秀作品中精选出170篇而出版的。这可是解放区出版工作的大工程。就连各种刊物、报纸专栏名称的设定,都精心策划,反复斟酌,突出通俗、适用的特点,如《抗战生活》开设的《古与今》,《华北文化》开辟的《读书笔谈》,《新大众》的《小辞典》《自修室》《漫画插图》《中华英烈传》,《儿童杂志》的《小广播》《连环画》。《工人日报》的《大家讨论》以及《一日一谈》,工人们更是争相阅读这些专栏里的内容。他常说,写一篇文章要有所作为,要有目的性,拥护什么,反对什么,必须明确;没有目的性的文章,不管形式如何优美,辞藻如何华丽,都是无病呻吟,浪费人民的纸张。

  1949年王春进入北平后担任中国人民解放军北平军事管制委员会委员、文教委员会委员、新闻出版部副部长兼新闻出版处处长,直到担任工人日报社社长、工人出版社副社长兼总编辑,工作多、担子重,依然顾不上休息。而战争时期缺医少药,他长期带病工作,现在面对政治上已翻身、文化上也真正希望翻身的工人农民兄弟的那种渴望,他实在停不下手中的那支笔。当时学文化的工具书很少,而市面上流行的字典又错误百出,为了把汉字以大众化的语言编辑出来,帮助工农大众识字看书,王春下决心编写一部《大众字典》。他认为,这是一场消灭文盲的伟大战役。所以在编写时,他常常是苦思冥想,反复推敲,直到满意为止。赵树理说他着手编《大众字典》,往往面对着一个字坐夜,好像一个老和尚坐在那里参禅悟道,有时候则乱打电话找人问计——"老赵,一点两点的'点'字怎么解释?照几何学上的定义讲,大众不懂;离开那个讲,又错误……词性又很不统一:一点、两点、重点、要点、优点、缺点……点头、点句、点豆腐……点缀、点心……算了算了!究竟分几义,让我慢数。请你给我出个主意用什么词汇来解释?"这部字典,他一个人写了80%的词。赵树理深有感慨地说:"已著成的文稿,的确是一部很好的工具书,可惜才著到一半他就病故了。"王春的好友、北大教授、我国著名的语言学家罗常培先生看了字典原稿,认为编得很好,他在追悼会上抚棺痛哭,发誓要完成好友未竟之业,接着编好这部字典。

今年是中华人民共和国成立70周年,仅以此文献给为新中国诞生和建设做出突出贡献和牺牲的王春先生。

(作者系阳城一中高级教师,晋城市赵树理研究会常务理事)

晋冀鲁豫中央局
出版《毛泽东选集》的一些回忆
—— 访张磐石

刘金田　吴晓梅

访者：1948年春天，晋冀鲁豫中央局出版了上下两册的《毛泽东选集》，这是建国前内容最丰富、篇幅最大的一部《毛选》。我们知道，您当时在中共晋冀鲁豫中央局宣传部担任副部长，直接负责组织了这部《毛选》的编辑出版工作，作为当事人，您能不能介绍一下当时的情况？

张磐石：这部《毛选》我手里还保存有一套，版本本身的大致情况你们也看到了。今天我就介绍一下当时编辑出版的情况。

我们开始筹划要编辑一部《毛选》，是在1945年冬天。这年春天，党的七大在延安举行。薄一波参加大会后到晋冀鲁豫中央局任中央局副书记，对七大的精神有所传达，但当时带回来的文件就很少了。秋天，日本侵略者投降，没有了封锁线，各种党的文件就陆续带到了。这就为我们的编辑工作提供了必要的条件。说到我们编一部《毛选》的打算，可以说是和中央局领导的想法不谋而合。就我来说，我原来在白区工作，1939年才进入抗日根据地。毛主席是党的主要领导人，这是大家都知道的。但毛泽东思想的正确性、科学性，那时介绍得并不多。什么是路线斗争？什么是教条主义、主观主义？他们的危害又在哪里？可以说我知道得也不多。这些都是后来通过遍及全党的整风运动才懂得的。毛主席著作,当时给人很深刻印象的,影响也最大的是《论持久战》《论新阶段》《新民主主义论》等。读了真有那种豁然开朗的感觉。抗战的前途怎样?如何取得抗战的胜利?抗战胜利后中国革命怎么走?毛主席说得真是句句有道理,读了让人信服。所以认识毛主席的著作并不是靠别人灌输的,而是在实践过程中慢慢体会出来的。整风时,我在华北新华日报丛书编辑部工作,编过不少小册子,包括毛主席的。七大之后,我做晋冀鲁豫中央局宣传部副部长工作。一次,我同部里的一些同志说,原来毛主席的著作都是一本一本地出版单行本,我们能不能出版个集子?我们把这个想法汇报给薄一波。他一听,表示非常同意,说,好啊,我们正想让你们做这项工作呢!这真是巧合。编《毛选》的事就这样开始筹划了。

访者:这之前,晋察冀日报社已经在1944年出版了五卷本的《毛泽东选集》,苏中出版社也在1945年7月出版了一卷《毛泽东选集》,当时你们看过这些版本吗?

张磐石:没有看到,也没有听说过。那时各个解放区来往交通并不是很方便。

访者:那么编辑这部《毛选》主要是从哪里收集材料呢?

张磐石:主要是中共中央书记处1941年编印的《六大以来》(上下)、1943年编印的《两条路线》(上下),另外是延安出版的毛泽东著作的单行本、小册子,还有《解放日报》《新华日报》等报刊以及延安新华社发来的消息与报道,从延安回来的同志带回来的材料等。

访者:组织过专门的编辑班子吗?

张磐石:那时前方在打仗,比较安定的是后方。具体编辑任务是委托给华北新华书店编辑部的。那里的负责人是王春,他和赵树理的关系很好,现在他已经去世了。他和编辑部的同志一起,做了收集材料、选目、编辑、校勘等许多工作。办公地点就在新华书店编辑部王春的办公室。材料收集上来了,我们大家就在一起研究选哪些著作。篇目选好后,就送给薄一波过目。

访者:这部《毛选》里边收有不少中央的有关文件,还有刘少奇、任弼时等同志的文章。

张磐石:有些文件当时我也弄不清楚是不是毛主席起草的。篇目初选好了以后送薄一波审阅,起先他没什么意见。过了些日子,他告诉我们1930年1月5日毛主席给林彪的那封信不要上了。

访者:其实这个问题在1948年东北书店出版《毛选》时就提出来了,并且在篇目中做了调整,抽出了这封信。起因是林彪在1948年2月12日给中宣部的电报中提出意见,说毛泽东的这封信有很大的宣传教育意义,但希望不要公布他的姓名,以免不了解内情的人产生种种猜测。这封电报毛泽东看后,做出批示,要求不要出版这封信了,还要陆定一、胡乔木两人全部审看一遍这部《毛选》的选稿。东北书店就是根据毛泽东的这个批示精神撤掉这封信的。

张磐石:我们当时没有看到有关文字性的东西,但我想,薄一波对这个情况可能比较了解。

访者:临时撤下来的还有一篇《抗战与民主不可分离》。

张磐石:是的,撤下来的一篇是毛泽东给林彪的那封信,还有一篇是《抗战与民主不可分离》。撤这两篇文章时,书已付印了,目录和页码没法再改,就采取了在目录中贴条子的办法,内文里抽去文章后留下缺页就没法再弥补了。

访者:编辑这部《毛选》你们有没有请示过中央有关部门?

张磐石:我不太清楚。我估计薄一波在决定这个问题时大概会请示中央有关部门的。据说当时有一个在延安编印的毛主席著作目录曾发到各根据地,供各根据地编《毛选》时参考使用。这是流传着的一个说法,这个目录到底有没有不清楚,我们也没有看到过。我们初步编完这部《毛选》后,在1947年平山土地会议上,薄一波把《毛选》目录拿给康生看过,据说康生批了个意见,大概是说苏联编列宁的集子就只选列宁的著作,不能有别人的。意思是编《毛选》不能把别人的著作编进去,这个意思薄一波并没有下达,我是后来听别人说才知道的。不过,在发排之后,撤掉毛泽东给林彪的信及《抗战与民主不可分离》两篇文章之前,篇目确实有所调整,比如把原先收入附录的刘少奇的一些著作全部抽出去了,篇目的调整比较大。

访者:您能介绍一下这部《毛选》的排版、印刷过程吗?

张磐石:我们和晋察冀根据地相比,物质条件还是差一些,纸张是从敌占区买来的,辗转往返,很费周折,印刷条件很差。邯郸战役胜利后,条件改善了一些。这部《毛选》是由华北新华书店的印刷厂承担印刷任务的,那里有不少技术工人,都是从敌占区奔赴解放区的。我们和华北新华书店编辑部的同志一起,除了确定篇目、编选著作外,封面、版式设计也都是自己干的。比如这部《毛选》,封面刻有钢印的毛主席头像,还是烫金的。当时我们对烫金行不行没把握,讨论了半天,找来工人询问,他们说行。我们要求他们只能搞好,不能搞坏,工人们说:"我们有这本领,就是缺少材料。"后来终于从敌占区弄来材料,跑采购的同志的确吃了很多苦。宣传部对这项工作要求很严格,大家讨论的封面设计、天头宽窄等方案,都经宣传部审过,由书店编辑部执行。王春负责的编辑部在工作过程中有什么问题,也及时请示宣传部。上下通力合作,终于完成这项重大任务。

访者:这部《毛选》的装帧的确很漂亮,布面精装,有蓝、红等颜色。

张磐石：因为印刷这部《毛选》工作做得好，印刷厂的工人还得奖了。

访者：什么奖？

张磐石：是以晋冀鲁豫中央局宣传部名义颁的奖，名称是什么，记不起来了。还拨款奖励过书店印刷、发行、采购人员。

访者：参加这项编辑工作，您还记得有谁吗？

张磐石：主要就是我与王春，还有一个叫马适安的同志，湖北人，我和他一起曾在白区工作过。新中国成立后，他担任过华北局宣传部的副部长，又做过北京大学的副校长，后来死于飞机失事。

访者：您是哪一年到晋冀鲁豫中央局宣传部工作的？

张磐石：我原来担任太行区党委宣传部部长，1946年调到晋冀鲁豫中央局宣传部。宣传部在这期间主要做了三件大的工作，一是开办《人民日报》，一是编辑一部《毛泽东选集》，一是接收了延安广播电台停播以后的宣传工作。

访者：编辑出版这部《毛选》是不是在邯郸进行的？

张磐石：先是在邯郸。邯郸是晋冀鲁豫中央局驻地，后来由于敌机轰炸，不能再住下去了，就搬到了太行山中武安县一个叫赵庄的地方。赵树理有篇小说叫《邪不压正》，就是写的赵庄的"土改"故事。到这部《毛选》正式开机印刷时，我们又搬回了邯郸，那时邯郸周围地区已获得解放，比较安全了。这部《毛选》1947年夏天就编好了，因为篇目有变动，所以最后装订出版时已到了1948年上半年了。

访者：您能记得是几月份吗？

张磐石：应该是在晋冀鲁豫中央局和晋察冀中央局合并之前，合并时间大概是在5月份吧。从编辑这部《毛选》的筹划到装订出版也就是从1945年冬到1948年春,经过了两年半还多点的时间。

访者:这部《毛选》是党内发行,您了解发行到哪一级吗?

张磐石:这部《毛选》收入的文章有许多是从《六大以来》等书中选录的。《六大以来》当时是党的机密文献集,不宜公开,所以这部《毛选》只发给比较高级别的干部学习研究。我记得县委一级干部没有,大概是县委以上的干部才可能得到。发行多少册我记不清了,但是有一点可以说,这部选集还是受干部们欢迎的,可能是发行少的缘故吧。不少人还提意见,问为什么没有发到他们手里。

访者:如今它已经成为新中国成立前留下的一个很珍贵的老版本了。

张磐石:(拿起手边的晋冀鲁豫中央局版《毛选》两册)所以我搬了几次家,即使"文革"中被抄家,也尽心尽力把它保护了下来,很珍贵啊!

访者:正因为如此,我们想把那些在新中国成立前做过各种《毛选》编辑出版工作同志的点滴回忆整理出来形成文字,作为历史资料能保存下来,以供人们研究。可惜的是,一些当事人已经不在了,比如苏中出版社1945年7月出版过的一卷《毛泽东选集》,是在芦苇荡中排版印刷的,条件很艰苦,主持这项工作的是当时任苏中区党委宣传部部长的俞铭璜,但俞铭璜已在前些年就去世了,当时编辑出版工作的具体情况也就无从了解了,所以就这项整理、挖掘资料工作来说,真是时间不等人。

张磐石:时间是不等人啊,我今年已经90多岁了,年事已高,一些具体的细节已经很难清楚地回忆出来了。但不管怎么说,看到这部上下两册的《毛选》,就想到那个战斗的岁月,想到那些和我一起并肩工作的同志。有许多同志,像王春、马适安,已经去世了。他们是为这部《毛选》的编辑出版出过大力气的,值得人们怀念。还有那些至今仍健在的做过排版、校勘、印刷等工作的同志,也应该提到他们的贡献。至于我,当时参加与主持这项重大工作,也算对宣传毛泽东思想出了一点力。建国后我担任中宣部副部长时,在几次研究报纸宣传工作的会议上见过毛主席。建国前在平山也见过他一次,对主席的感情很深。为什么?就是因为我对毛主席、毛泽东思想的认识不是从书本上来的,不是从条条框框出发的,而是从革命斗争的实践中逐渐体会出来他的正确与伟大的。这一点算是从实践到认识吧。

（该采访于1992年6月23日在北京木樨地张磐石家中进行。张磐石,1932年参加革命,同年加入中国共产党。历任天津市委宣传部代部长、太行区委常委兼宣传部部长、晋冀鲁豫中央局宣传部副部长。1946年创办晋冀鲁豫中央局机关报《人民日报》兼任社长,后任中共华北局宣传部副部长。1954年任中共中央宣传部副部长。刘金田,研究员,时任中共中央文献研究室科研管理部主任,长期从事中共党史、党和国家主要领导人相关文献的编辑和研究工作。吴晓梅,曾在中共中央文献研究室工作12年,主要从事毛泽东著作的编辑和研究工作,时任北京某出版社编审、人文历史编辑室主任）

晋冀鲁豫中央局版
《毛泽东选集》出版始末

奚景鹏

晋冀鲁豫中央局编印的《毛泽东选集》,上下两册,布面精装,16本开,1025页,封面文字烫金,中间压模毛泽东侧面头像,下边是"中共晋冀鲁豫中央局编印"。扉页书名下印有"党内文件 干部必读",最下面印"一九四八年"。后一页有毛泽东像,并贴盖透明纸。这部选集分为《大革命时期》《内战时期》《抗战以来》三部分,共收文61篇,其中正文44篇,附录17篇(有11篇是毛泽东起草的),每篇文章和附录按成文时间顺序编排,但是有一个特别之处,就是在装订时将其中两篇文章抽出,形成65至74页、885至888页两处缺页。在其前后出版的各种版本的《毛泽东选集》中,未曾出现过这种缺页的问题。这部选集被认为是新中国建立之前出版的各种版本的《毛泽东选集》中篇幅最大、内容最丰富、编排最合理、装帧最精美。

1945年冬开始筹划编辑

晋冀鲁豫中央局编印《毛泽东选集》,是在中央局副书记薄一波领导下,中央局宣传部副部长张磐石参与指导下,委托华北新书店总编辑王春主持组织编辑部、经理部、印刷厂职工编印出版的。

中共党史出版社1993年出版的刘金田、吴晓梅著《〈毛泽东选集〉出版的前前后后》，发表了他们对张磐石的访谈稿。据张磐石在这篇文章中回忆："我们开始筹划要编辑一部《毛选》，是在1945年冬天。这年春天，党的七大在延安举行。薄一波参加大会后到晋冀鲁豫中央局任中央局副书记，对七大的精神有所传达，但当时带回来的文件就很少了。秋天，日本侵略者投降，没有了封锁线，各种党的文件就陆续带到了。这就为我们的编辑工作提供了必要的条件……七大之后，我做晋冀鲁豫中央局宣传部副部长工作。一次，我同部里的一些同志说，原来毛主席的著作都是一本一本地出版单行本，我们能不能出版个集子？我们把这想法汇报给薄一波。他一听，表示非常同意，说，好啊，我们正想让你们做这项工作呢！这真是巧合。编《毛选》的事就这样开始筹划了。"

史云城著《太行山区的出版事业——记抗日战争时期和解放战争时期的华北新华书店》，在《出版〈毛泽东选集〉》一节中写道："中共七大以后，晋察冀等处都在筹备出版《毛泽东选集》，晋冀鲁豫中央局宣传部也把这个任务交给了华北新华书店，由书店总编辑王春亲自承担。这项工作开头是从六大以来的文件中选编，为了使读者了解毛主席各个时期著作的背景，还从文件中选编了一些附录。后来又根据中央局确定的编目，将附录全部去掉。版本的开数、天地的大小、封面的设计，也都经过宣传部审阅过的。"实际情况是附录并未全部去掉，在正式出版发行的选集中，上册有附录7篇，下册有附录10篇。

珍贵的送审本

华北新华书店于1947年夏，编印了《毛泽东选集》报送上级机关审阅，因篇目变动较多，故未公开发行。

北京文物收藏家房言山先生珍藏有比较完好的晋冀鲁豫中央局版《毛泽东选集》送审本,与中央编译局藏残本属于同一版本。房言山藏本为16开本,411页(缺35至42页、131至186页)。封面、封底完整,封面无书名和出版单位,无目录。扉页背面印有:"本书文字错落之处颇多,因系废稿,故未校正。希读者俟选集正式出版后,参照校正为荷。"笔者认为"因系废稿,故未校正",也就没有必要印制封面和编印目录,"因系废稿",又未正式出版发行,所以只有少量流入社会。

将送审本和正式出版本上册相对照,两者既有关联,又有区别,选编文章数量和内容相差较大,版式、字体、有些文章的题目也不相同。

送审本有正文11篇(将《农村调查》中的《兴国调查》和《才溪乡调查》按两篇计算),正式出版本上册有正文18篇,增加8篇:《长冈乡调查》《查田运动是广大区域内的中心重大任务》《在八县查田运动大会上的报告》《关于查田运动的初步总结》《反对自由主义》《国共两党统一战线成立后中国革命的迫切任务》《和英国记者贝特兰的谈话》《中国共产党在民族战争中的地位》,减少1篇:将《农村调查序言和跋》移至下册。

送审本有附录13篇,正式出版本上册有附录7篇,增加2篇:《中央关于抗日救亡运动的新形势与民主共和国的决议》《陕甘宁边区政府第八路军后方留守处布告》,减少8篇:刘少奇文章5篇(《肃清立三路线的残余——关门主义冒险主义》《公开工作与秘密工作的区别及其联系》《怎样进行群众工作》《关于过去白区工作给中央的一封信》《抗日游击战争中各种基本政策问题》)、《中央关于西事变及我们任务的指示》、《中央关于共产党参加政府问题的决议草案》、《北方局关于目前形势和华北党的任务的决定》。

独一无二的清样本

房言山先生还珍藏有晋冀鲁豫中央局版《毛泽东选集》清样本。这是经过校对科三校之后，由总编辑王春亲自进行最后校对的版本，共1025页，约96万字。清样本上写着，1月17日至2月2日，1至220页，为王春校对；2月2日至2月23日，221至1025页，为君瑜校对。君瑜是王春的笔名，身为总编辑王春亲自进行最后校对，充分说明他对编印《毛泽东选集》的高度重视，除开会学习和参与其他工作外，实际校对29天，平均每天3.3万多字。这是多么耗费精力的工作啊！

这部清样本由江波经手装订成9本，分别注明2月3日、2月6日、2月7日、2月12日、2月17日、2月20日、2月21日、2月24日、2月27日，在第四本封面上盖"华北新华书店印刷厂工务处"红色印章。

这部清样本珍贵之处，在于第一本保留着65至73页《毛泽东同志给林彪同志的信1930年1月5日》，第八本保留着885至888页《附一四：抗战与民主不可分离——祝第二届联合国日1946年6月14日解放日报社论》。

王春对晋冀鲁豫中央局版《毛泽东选集》的问世，花费的精力和做出的贡献都是最大的。

多姿多彩的精装封面

晋冀鲁豫中央局版《毛泽东选集》为16开本，布面精装，封面书名烫金，美观大方，庄重高雅。有些研究文章和毛泽东著作的版本目录,记述这部选集有紫红色和深蓝色两种封面。这种说法肯定不准确,仅笔者收藏的就有多种颜色的封面,书名烫金的封面颜色有红、浅红、蓝、浅蓝、紫、绿、黑,还有书名烫银,封面颜色为黑色的。

为什么会出现这么多精美的封面呢?当年晋冀鲁豫根据地,地处太行山区,物资匮乏。为了保质保量印好《毛泽东选集》,书店工作人员四处奔波,克服重重困难,千方百计完成采购任务,甚至冒着生命危险,到国民党统治区购买上等机制纸、金色纸箔、布匹等。因布匹需要量很大,买到什么颜色布料就装订什么封面。书店编辑、著名作家赵树理去山西省高平县农村,买到一批白色土布,用蓝靛染成蓝色,或高粱壳染成浅红色。

封面字烫金的问题,当时印刷厂没有会烫金的人,后从冀鲁豫调来了曾在日本国内做过烫金的田崎(原是日本兵,后被我军俘虏,参加了革命工作),才解决了这个关键问题。

具有史料价值的《书店一月》刊物

经查阅有关资料,华北新华书店的内部刊物《书店一月》,自1947年9月至1948年5月,每月一期,共出版9期。这一段时间正值编印《毛泽东选集》的期间。

1948年2月1日第6期,刊载尚良辅的《进一步提高质量保证印好〈毛泽东选集〉》。3月1日第7期,登载校对科的《〈毛泽东选集〉的校对工作检讨》、君瑜的《校对工作的进步》。4月20日第8期,登载尚良辅的《从〈毛泽东选集〉的印刷质量谈起》。以上文章为我们研究晋冀鲁豫中央局编辑《毛泽东选集》的过程,提供了宝贵的史料。

1948年3月正式出版发行

这部选集没有版权页。在扉页上只注明是1948年,未注明具体月份。过去有关的研究文章说是1948年春天。《编辑之友》1990年第4期周明、曹国辉、邢显廷合写的《关于毛泽东著作在建国前编辑出版的一些情况》一文写道:"晋冀鲁豫中央局于1948年3月出版的《毛泽东选集》。"

北京燕山出版社于1999年1月出版的刘跃进著《毛泽东著作版本导论》第44页写道:"《毛泽东选集》(上、下册),中国共产党晋冀鲁豫中央局编印,1948年3月,16开,1025页,分两册精装。"湖南人民出版社2003年12月出版的蒋建农、边彦军等著《毛泽东著作版本编年纪事》第1655页写道:"《毛泽东选集》中共中央局编辑,1948年出版(书中没有标明出版月份,但据回忆和考证,是1945年5月出版的)。"

刘金田、吴晓梅著《〈毛泽东选集〉出版的前前后后》一书中写道:"以《书店一月》中的有关文章可以判定,它是在1948年5月出版的。尚良辅的文章《从〈毛泽东选集〉的印刷质量谈起》介绍,印刷厂召集排长以上干部和精通装订技术的工人、管纸张材料供应的同志开会正式布置印刷出版任务是1948年1月4日。按这个会议的布置,排、校、印刷的时间是2个月,装订的时间是2个月,实行边印边装的办法,4个月完成2000册的总任务。实际情况也是这样,排字、校对部门是在1月17日开始排字、校对工作的,2月23日完成任务。3月10日左右装出了3本样书之后,送交上级有关部门审阅,并得到了赞扬和肯定。从1月17日开始后推4个月,便是这卷《毛泽东选集》的出版时间——1948年5月中旬,又据当年主持这卷《毛泽东选集》编辑工作的张磐石回忆,它的出版也是在晋冀鲁豫与晋察冀两个中央局合并之前的5月份。"

同样一部书,出现两种出版日期(1948年3月、5月),到底哪种出版日期准确呢?

笔者认为在实际编印过程中,排字、校对、装订几道工序,实行流水作业,边印边装的办法,3月10日左右装出了3本样书。根据1948年4月20日出版的《书店一月》第8期登载的中央局宣传部办公厅的表彰信:"王春、史育才、冯诗云同志并转新华书店诸同志:你们的编辑、设计、排版、制版、装订以及收集材料,为《毛泽东选集》的出版工作,均尽了极大的努力,并取得了满意的成绩。这种工作精神的成果,应该得到党的奖励,除发放奖金10万元外,特再函告,希望继续努力!致布尔塞维克敬礼!中央局宣传部办公厅,1948年4月3日。"由这封表彰信,人们不难判定,这部选集是1948年3月出版的。

在房言山先生珍藏的清样本中,有目录5页。在目录第2、3、4页有校对者用蓝色毛笔写着:"君瑜,二二七。"在目录第1、5页,校对者用红色毛笔写着"子戈四月七日",抽出的两篇文章的题目没有了,改为"缺"。"子戈"即负责三校的曹子戈。我收藏的晋冀鲁豫中央局版《毛泽东选集》中有两种目录:一种目录是用纸条贴住抽出的两篇文章题目,另一种目录是把抽出的两篇文章的题目改印为"缺"。这说明在正式出版的过程中,因为目录前后的变化,有两个版本,一个版本是1948年3月和4月初装订的,目录由君瑜制作;另一个版本由曹子戈修改目录,从1948年4月开始装订。

关于管委会表扬信的分析

刘金田、吴晓梅在《〈毛泽东选集〉出版的前前后后》中写道:

"1948年4月4日,作为书店上级部门的管理委员会也给华北新华书店编辑部、印刷厂写来了表扬信,信中说道:'王春、诗云、育才同志并转《毛泽东选集》之编校、印刷、出版、采购各部门的同志们:毛选上册已制造出样本,在本书的质量、时间及秘密的保守上,使我们感到满意,这都是上述各部门的同志们的积极努力的收获,为此管委会特拨出5万元奖赠上述各部门同志,以示奖励,更期全体同志加倍努力,完成本书更大的出版任务,此致革命敬礼!管委会4月4日。'"

实际情况是,管委会不是作为书店上级部门的管理委员会,而是华北新华书店的管理委员会,由书店总编辑王春、经理史育才、副总编辑冯诗云三人组成。

印刷厂厂长尚良辅在《从〈毛泽东选集〉的印刷质量谈起》中曾写道:"在3月10日左右装出3本样书。"管委会表扬信中"毛选上册已制造出样本",如果管委会表扬信是4月4日发出,就不大合乎情理了。经笔者研究,管委会表扬信很可能是3月初的事情。

(原载2004年《中共党史资料》第4期,作者系中国铁路机车车辆工业总公司党委组织部原部长)

王春编辑出版《毛泽东选集》

裴余庆

1945年党的七大将毛泽东思想确定为党的指导思想并写入党章，学习宣传毛泽东思想成为全党的重要任务。1947年，华北新华书店和新大众报社书报支前的工作受到晋冀鲁豫野战军的多次褒奖。6月1日，晋冀鲁豫中央局书记、晋冀鲁豫野战军政委邓小平同志亲自为《新大众》题词："宣传毛泽东思想是新大众的责任。"使得担任华北新华书店总编辑、新大众报社总编辑的王春和同志们备受鼓舞，同时也领会到了党中央宣传学习毛泽东思想的新部署。10月，晋冀鲁豫中央局代理书记薄一波和中央局宣传部副部长、中央局机关报人民日报社社长张磐石向王春交代，由他主持编辑《毛泽东选集》晋冀鲁豫中央局版。王春欣然受命，接受任务后，立即组织华北新华书店编辑部、经理部、发行部、印刷厂、后勤队，在武安县冶陶镇赵庄的农舍里开始着手筹备工作。

晋冀鲁豫中央局版的《毛泽东选集》，共收入毛泽东同志1927年3月至1945年8月的著作61篇，约96万字，比1948年5月东北新华书店出版的《毛泽东选集》还多11篇10万字，于1947年夏编成发排，1948年3月由华北新华书店印刷厂印刷。全书分上下两册，16开本，共1025页，每页18行，每行52个字，有紫红色和深蓝色布面精装两种，印刷2000册。封面上方正中印有5个烫金字："毛泽东选集"，中间有压膜的毛泽东头像，下方印有一行烫金字："中共晋冀鲁豫中央局编印"，书脊上方和中间分别印有烫金字："毛泽东选集""上"或"下"。封二后是扉页、书名页、毛泽东照片和目录（下册没有照片和目录）。书名页上方印有三行字："毛泽东选集""上册"或"下册""党内文件 干部必读"，下方印有两行字："中共晋冀鲁豫中央局编印""一九四八年"。该《毛泽东选集》经晋冀鲁豫中央局批准出版发行后，中央局宣传部向华北新华书店发来了通报表彰信："王春、史育才、冯诗云同志并转新华书店诸同志：你们的编辑、设计、排版、制版、装订以及收集材料，为《毛泽东选集》的出版工作，均尽了极大努力，并取得了满意的成绩。这种工作精神的成果，应该得到党的奖励，除发放奖金10万元外，特再函告，希望继续努力！致布尔塞维克敬礼！中央局宣传部办公厅，1948年4月3日。"

1946年至1948年，华北新华书店印刷厂一直驻在山冈环抱的赵庄。车间设在一个较大的窑洞里，用的是手摇活动式排版，经平版、整版，然后打纸型，待一块纸型晾干后整制，放在印刷机平台上，而后印出书报。印刷厂只有几个经验丰富的老工人，其余大都是十四五岁和十六七岁的年轻人。人工铅字排版到印刷的工序繁多而精细。王春带领同志们就是在这样艰苦的条件下印刷出《毛泽东选集》的。不仅工作条件艰苦，除常常在煤油灯下通宵达旦外，还要应对国民党特务的侵扰和破坏。张磐石在回忆录中说，他们在一次编校结束后的第三天，一排四孔窑洞全被特务放火烧了。

2017年3月30日《人民日报》发表陈晋《文章千古事——毛泽东在新中国成立后对自己著述的评价》，文中写到，1964年，有人向毛泽东说到读《毛选》的事，毛泽东的回应别出一格："《毛选》什么是我的？这是血的著作。《毛选》里的这些东西，是群众教给我们的，是付出了流血牺牲的代价的。"

王春于1949年2月进京后任中国人民解放军北平军事管制委员会委员、新闻出版部副部长兼新闻出版处处长,负责接管北平的报社、出版社。1949年6月,经全国总工会副主席李立三建议、毛泽东主席批准由王春负责创办《工人日报》,任第一任社长兼总编辑。王春为新中国百废待兴的新闻出版事业勤奋工作,殚精竭虑,积劳成疾,于1951年12月30日病逝,年仅44岁。王春的英年早逝和他的亲密战友、同志赵树理在"文化大革命"中含冤而死,使得这段重要史实在此后变得扑朔迷离(赵树理曾多次讲小他两岁的王春是他接受新思想的第一个启蒙老师,王春的追悼会由刘宁一、赵树理、赖若愚主祭)。

中央编译局于1951年4月购入《毛泽东选集》残本一册,16开本,竖排铅印,411页,缺封面。1983年第3期《毛泽东思想研究》发表龚育之的文章《毛泽东著作编辑出版的若干问题》,文章认为:"它大概是同晋冀鲁豫中央局这个(版)本有关联的一个版本,只保留了上册。"1999年1月北京燕山出版社出版的刘跃进《毛泽东著作版本导读》认为:"是晋冀鲁豫中央局正式版本之前的版本,而且可能是先期印出来并少量流入社会的样本。"

1982年新华书店总店出版的《书店工作史料》第2辑,刊登刘大明《解放战争时期的冀鲁豫新华书店》,写了冀鲁豫新华书店在1947年秋冬编辑出版《毛泽东选集》16开本、上下两册的情况,引起史学界的关注。2007年《中共党史资料》第4期刊登奚景鹏《冀鲁豫新华书店没有出版〈毛泽东选集〉》一文考证:冀鲁豫新华书店确在1947年9月1日开始排印《毛泽东选集》,但在9月10日因故停止排印,从此搁置,没能出版。而冀鲁豫新华书店排印的原本恰是晋冀鲁豫中央局委托华北新华书店王春编辑的《毛泽东选集》送审本。

2000年之后，北京房言山和广东何丰光先后购得未正式出版的《毛泽东选集》，16开本，411页，和中央编译局藏本同属一个版本。这两个藏本均无封面，书前增加一张扉页，印有"本书文字错落之处颇多，因系废稿，故未校正。希读者俟选集正式出版后，参照校正为荷"，由此说明可知，这本未正式出版的《毛泽东选集》是上册的送审本或清样本。房言山所藏的清样本，分九册，这是经过三校之后，由华北新华书店总编辑王春于1948年初亲自进行最后校对。清样本写着，自1月17日至2月2日，1至220页为王春校对；自2月2日至2月23日，221页至1025页为君瑜校对。遗憾的是迄今为止清样本的下册尚未面世。

中共中央《毛泽东选集》编委会曾在《中共党史研究》撰文指出："建国前各解放区共出过三种《毛泽东选集》，一种是1944年5月晋察冀日报社出版邓拓主编（后经两次增订再版）的，一种是1948年3月晋冀鲁豫中央局出版王春主编的，一种是1948年东北解放区出版凯丰主编的，其中按年代顺序编辑、篇幅最多、内容最丰富、装帧最美的是晋冀鲁豫中央局出版由王春主编的《毛泽东选集》。"

今天我们已经进入了中国特色社会主义新时代。我们学习王春，就要像王春学习宣传毛泽东思想那样，认真读原著、学原文、悟原理，真正做到学思用贯通，知行言统一，为实现中华民族伟大复兴的中国梦而不懈奋斗。

（原载2017年12月17日《太行日报》）

第三部分　悼念文章

王春同志千古

老 舍

王春同志去世,是文艺界的一个大损失!我和王春同志相识不很久,可是初次见面,我就觉得他是个可爱的人。后来,来往渐多,我越来越敬爱他。他有光明磊落的态度,知道的必说出来,说错了不怕批评。他健谈,我常由他的谈话中得到好处。他做事也负责任,求他看文章,他不但提出意见,而且仔细斟酌,代为改正。因为做事负责,他的生活非常勤苦,影响到健康。我早就看出他面带病容,可是他还不肯休息,苦干到底。他是坚守岗位、以身殉职的文艺工作者。

王春同志对北京市文联的工作、《北京文艺》月刊和《说说唱唱》的编辑工作都帮过很多的忙。现在,每逢开会,大家都想念他,记得他给我们的帮助和友爱!我们一定以学习他光明磊落和鞠躬尽瘁的态度与精神,纪念我们可爱的朋友!

(原载1952年3月30日《工人日报》第2版悼念王春同志特刊。老舍,原名舒庆春,字舍予,北京人,现代小说家、戏剧家,1950年被北京市人民政府授予"人民艺术家"称号,代表作有长篇小说《骆驼祥子》《四世同堂》、话剧《龙须沟》《春华秋实》《茶馆》等)

悼念王春同志

苗培时　章　容

王春同志是我们的老同志、老战友,我们一起工作,一起生活,一起战斗,从太行山到北京,算起来有十几年了。十几年当中,我们跟王春同志相处在一起,有着深厚的感情。这种感情,绝不是一般的世道人情,而是同志间的阶级感情。

王春同志在我们中间,年岁较大,战斗的经验和政治认识也比我们强。平常日子里,我们把他当成我们的老大哥和先生,遇到什么问题我们都跟他讨论,请他给我们明确指导和分析。他也和我们一样,总把他心里的一切事情向我们说。在我们中间真是"事无不可对人言"的。有时我们和他发生了分歧的意见,那就辩论起来,甚至弄得脸红脖子粗,相互不愉快地走开,但是过不了多久,大家又会自然而然地快乐地凑到一起来畅谈,把意见求得一致。

王春同志死了,我们总觉得他还活着,心里一有了问题,就立刻想找他谈谈去,但到哪里去找他呢?他是真的死去了。三个月来,当我们一想到他的声音笑貌,心里就沉重起来。

王春同志是因为得了肝癌这种不治之症而死去的。当他死去的前一个星期,我们到北京医院去看他,他的病状已经很严重了。腹部疼痛得非常厉害,我们坐在他旁边,都好像隐隐地感觉到他的病情严重了,但他还不停地和我们谈这个、谈那个。这时医生叫他去照相,我们真想不到他还能自己下了床,站起来,披上衣服,然后坐上车子到 X 光室去了。当他死后,我们看见他的病历,除了肝癌以外,还有肺病、胃病、十二指肠溃疡等症。他有很严重的胃病,我们是知道的。在抗日战争的时候,大家住在太行山上,生活是十分艰苦的,医药条件也很不完备。他很少向我们谈过他的病,只是大量地吃着苏打。偶尔碰到这个问题上,他总是拿着十分乐观和非常蔑视的口气,认为他的病是无关轻重的。胜利后,他本来可以休养一个时期治治他严重的胃病,可是他从来没有这样想过。因为他的精力十分旺盛,对于党交给他的工作,又是十分地认真负责,可以说每年当中,很长时期他都是带病工作着。不论黑夜白天,不管他的胃痛到怎样的程度,他总是一个劲地工作着。我们常常看见他左手捂着肚子,右手拿着笔,一条腿屈在椅子上,用半蹲半坐的状态,笔不停地写着,一写就是十几个钟头。他这种对工作认真负责、对病魔顽强斗争的精神,是值得我们永久怀念的。

10余年来,王春同志都是做着党的文化宣传的工作。他虽不是一个专业的文艺工作者,但他对于为工农兵服务的文艺事业,是一个大力的支持者、提倡者、拥护者,在这方面他也做了不少的工作。他自己是写文章的,他对于发表的文章,从形式到内容,都要求得十分严格。对于那些不负责任、粗制滥造的现象,他十分痛恨。闲谈的时候,他常和我们说,写一篇文章要有所为,要有目的性,拥护什么,反对什么,必须明确。没有目的性的文章,不管它形式如何优美,辞藻如何华丽,结果都是无病呻吟,浪费人民的纸张。他反对那些生吞活剥的欧化句子和大众不懂的词儿,提倡文章要写得"懂"与"动";就是说文章要让人看得懂,看完了受感动。怎样才能够达到"懂"与"动"的目的呢?这就必须内容正确,语言朴素简单,思想性、艺术性强,对人民有教育意义才行。

从去年春天起，王春同志在党的指导下，负担起编写学文化字典的任务。他看见流行在市面上的字典，很多都是错误百出，不能解决帮助工农兵学文化的问题的，而消灭文盲最迫切的事情，要有一部好字典。王春同志认为这个工作重要，就勇敢地担承起这个工作，但没想到他把这工作将完成了一半时候，就死去了，这是多么不幸的事情啊！我们长久和他在一起的同志们，都愿意把他这件对人民有益而没有完成的工作，根据他创造出来的体制和方法，继续完成，作为对他的永久纪念。

（原载1952年3月30日《工人日报》第2版悼念王春同志特刊。苗培时，曾任《工人日报》编辑部主任，工人出版社领导成员。章容，曾任工人日报社副社长、副总编辑）

哭我的爸爸

王小兴

爸爸,您不该死得这样早。但是,想不到您竟这样早早地死去了。您的年纪并不大,革命还有很多事情等着您来做。您的死,对于革命事业是一个损失;对于妈妈和我,造成了永远忘不了的悲痛。

爸爸,在长期的抗日战争中,您过着艰苦的生活,战争摧毁了您的身体,使您得了严重的胃病,但是病并没有把您磨倒,您还是坚持着工作。记得1951年夏天,您担任工人日报社社长,白天忙着行政工作,到夜里还要做夜班,批改稿件看大样,一直忙到凌晨5点钟才休息。这时,天已经渐渐地亮了,电话铃不断地响着,经常闹得您不能睡觉。有时,您正在睡觉的时候,我们一不小心把您吵醒了,可是您一点也不发脾气,叫我们把报纸拿给您看,报纸有十几份,您都一一地看过,然后睡一会又起来工作。在您的心里,只记着工作、工作,简直不知道什么叫作休息。您的工作虽然这样忙碌,但是当我们提出一些不了解的问题和生字来问您的时候,您总是和蔼地给我们讲解,一次不懂,再讲第二次,您是那样的耐心。

爸爸,您虽然死了,但是您永远活在我的心里,我永远记着您!我一定要努力学习,继承您的遗志,好好为革命做些工作!

(原载1952年3月30日《工人日报》第2版悼念王春同志特刊)

王春悼歌

王亚平

在我们队伍里,
你工作的最起劲;
像一个行军的战士,
向着目的地猛进。

在农村艰苦的环境里,
在城市欢快的日子里,
你不息地拿起笔,
诛伐阶级敌人!

你认真的读书,
你严肃的写作,
对自己想的很少,
对人民想的最多。

在临死的前夕,
你还编写《大众字典》;
同志,你死的太早,
多少工作没有做完!

(原载1952年3月30日《工人日报》第2版悼念王春同志特刊,作者时任北京市文联副主席)

哀悼的话

康　濯

我认识王春同志的时间不长，但我知道他，却至少有10年了。在抗日战争时期，他在太行山根据地，我在晋察冀解放区，我们都从事群众文化、文艺的普及工作，我曾零星地看到过一些他参加编辑的刊物和他写的文章。在那个很少同行交流工作经验的情况下，王春同志的工作，无形中辗转地给过我一些有益的参考和鼓励。

到北京以后，特别是共同参加北京市大众文艺创作研究会的工作以后，我们熟悉了，谈得也较多，关于文艺的普及问题，更是一见面就要交换意见的。我们的意见有时并不完全一致，但大家都是为了人民的文艺事业，这是互相都理解的，而且我亲身体会到了王春同志在他多年来从事文化、文艺普及工作的过程中，始终保持着实事求是的作风和努力不懈的精神，我觉得这是很值得我们学习的。

王春同志突然逝世了。王春同志把他的一生献给了党和人民的文化事业，他的逝世，使我们的队伍失掉了一个经验丰富的老战友，这是一个重大的损失。我们哀悼他，我痛感到我们必须在文艺的普及工作上切实坚持实事求是的精神，更多地为人民做一些有益的事情！

（原载1952年3月29日北京《新民报》追悼王春同志特刊）

悼念王春同志

曹菲亚

王春同志：记得我认识你的时候，是在1947年的春天，在那太行山老解放区。虽然我并不十分熟悉你，可是，你那响亮的名字，精神饱满而又健谈的印象，都深深地留在我的心里。

在太行山工作过的干部，大都知道王春这个名字，读过你的文章，看见过你和其他同志编的杂志，如像《新大众》那样的刊物，在当时是起了很大作用，是为广大读者所喜闻乐见的东西，尤其在那艰苦的环境里，人们是怎样的在渴望着文化生活和文化食粮啊！而你却以高度为人民服务的精神，在实际工作中，正确地贯彻了毛主席的文艺方针，忠心耿耿地为大众文艺而努力。

认识你的人，都知道你是个学问渊博的人，你那学而不厌、钻研事业的精神是值得我们好好学习的。

正当着祖国建设高潮将要来到的时候，文化事业更需要你的时候，你却永远离开了我们！这是一件多么使人痛心的事情啊！

王春同志：我们要学习你，学习你那艰苦朴素、钻研事业的精神，我们将以实际行动，努力工作，来纪念你！

亲爱的王春同志：安息吧！

（原载1952年3月29日北京《新民报》追悼王春同志特刊）

悼王春同志

王颉竹

我和王春同志在工作上虽然联系不大,但给我的印象却极深。记得在一个会上,亚平同志介绍过他的钻研精神,他把一张报纸从头到尾,从要闻到副刊以至广告,曾经一字不落地读过一遍,从里边发现出不少问题,内容上的、词句上的、编排上的,甚至连标点符号都注意到,最后他总结出我们文艺工作者对工作粗枝大叶的作风是相当严重的,这还是在文艺整风以前。文艺整风期间,我们就想到,像王春同志这样对工作认真负责与钻研的精神,是值得我们每个人学习的。

在我个人的工作中,许多旧剧创作要做历史考据的,这就要和一个真正钻研问题、热心帮助别人的同志来商量,王春同志就是我最恰当的一个合作对象,但是他竟舍我而长逝了!当时传来王春同志的噩耗,我是最悲痛的一个,因为我马上失去了一个具体的帮助者。

王春同志已经完成党和人民所给予他的任务,我们今天追念王春同志,不仅只惋惜文艺工作失去了一个有力的领导骨干,更重要的还是要学习他对工作负责认真与钻研的精神。

(原载1952年3月29日北京《新民报》追悼王春同志特刊)

回忆王春同志

王彭寿

听到王春同志逝世的消息,深深地感到自己在创作上又失掉了一个严师。记得在一次大众文艺创作研究会召开的执委会上,我会见了王春同志。因时间尚早,我们就漫谈起来。他那和蔼可亲的面孔、诚恳忠实的言谈,真好像多年未见的老师一样。我当时提到自己在学习写作的过程中所遇见的困难,他不怕麻烦地反复解释,如何掌握思想,如何选择材料,如何表现主题,如何写出才能使人感动、才能有教育意义……将他的写作经验很有系统地介绍给我,指示我应当怎样做才对,并鼓励我越多写越好,不要急于发表,也不要怕退稿,应当多多参阅别人的作品,丰富自己的生活和语言,日久天长自然会有进步。他这句简单而扼要的言辞,给了我很大的启发与帮助。那时他的身体就不很好,但还是很耐心地谈完上面许多问题。

在他从事文化宣传事业中,10余年来不论在新闻界、文艺界、出版界都已经贡献出他最大的力量,在文化工作上有他不可磨灭的功劳。现在正当祖国建设展开的时候,王春同志竟因劳致疾而逝世了,这是文艺界多么大的一个损失呢!我们一定要向王春同志学习,踏着他没有走完的道路前进,向一切反动派斗争到底!

(原载1952年3月29日北京《新民报》追悼王春同志特刊)

春蚕到死丝方尽

——纪念王春同志诞辰100周年

郭国涌　赵德新　常守真

今年12月30日,是王春同志诞辰100周年。王春在新中国成立前曾任华北新华书店总编辑、新大众报社社长,进城后是工人日报社第一任社长。他一生从事党的新闻出版事业,一生为工农大众服务,一生探索、实践新文化——大众化、通俗化的道路。

(一)和赵树理并肩战斗发展新文化。王春和赵树理的名字是常常连在一起的,这不仅因为他们是同乡、同学,王春是老赵的入党介绍人,还因为他们在探讨文学的大众化、通俗化的道路上志同道合。

有人说,是王春最早发现了赵树理,这话有道理。赵树理自己也说,王春是他"从事革命文艺事业的头一个启蒙老师",是他"创作上的精神支柱"。

早在1933年,老赵写过一篇名叫《盘龙峪》的通俗小说,王春看后大加赞扬,说"这才是方向——这才是真为了大众、为了老百姓的文艺"。王春还为此写了一篇理论性的文章加以提倡,老赵也有点大彻大悟。从此,他们共同开始了新文化、新文艺的探索。

1939年,王春担任《黄河日报》(路东版)的社长兼总编辑,便约老赵到报社编《山地》副刊。这个副刊刊登的作品,鼓词、快板、童谣、故事无所不包,使老赵"十八般武艺"得以发挥。当时他们的小报"贴在各县城的街道上,凡认得字的人都愿看看,往往弄得路为之塞"。

但是,这种大众化的东西当时不少文人是瞧不上的。

1942年元月,太行根据地开过一次文化界座谈会,邓小平、李雪峰等领导都参加了。赵树理在会上举着从农村收集到的宣传封建迷信、毒害群众的小册子,大声疾呼,我们应该起而应战,用通俗的新作品夺取它的阵地。可有的人却认为通俗化是"庸俗化",群众语言写不出伟大作品。双方针锋相对,争辩十分激烈。王春在会上和老赵并肩战斗。

1942年秋,彭老总调王春、赵树理到中共中央北方局党校调查研究室工作。第二年,老赵写成并出版了他的名著《小二黑结婚》和《李有才板话》。

(二)在山沟里为农民办通俗报刊。60年前,我国还处在战争时期。那时候,在太行山一个村子里,住着一个番号为洛阳部的半军事单位,这便是华北新华书店(韬奋书店)。和现在的新华书店不同,这个书店是编书、写书、印刷、发行一条龙服务。书店编辑部聚集着包括冯诗云、赵树理在内的一大批秀才,王春是总编辑。

书店办了多种通俗刊物,影响最大的要数《新大众》。《新大众》内容丰富多彩,形式生动活泼,它讲解战争形势,介绍农村生产、生活情况,并回答读者各种问题。因为《新大众》是办给农民看的,王春要求编辑部同志写的东西都要通俗化、口语化;刊物要多用通讯员来稿,要耐心帮助通讯员。《新大众》办了两年多,农村读者很爱看。当时边区党政领导人薄一波为杂志题词说:"新大众两年来受到工农兵的热烈欢迎,希望你们朝着这个方向继续努力。"

1948年1月,为适应形势发展,特别是土地改革的需要,华北新华书店又审时度势地将《新大众》杂志改为《新大众》报,王春任总编辑,冯诗云为副总编辑。《新大众》报同样是一张面向农民的通俗报纸。在土改中,农民最关心党的政策,《新大众》报便以通俗的语言宣传政策,而且不走样。例如中央发布《中国土地法大纲》以后,王春便写了《土地法大纲拆讲》,把土地法的精神原原本本讲给农民听。赵树理在基层搞土改,也常把发现的问题写成短文在《新大众》报上刊登。土改中读者提出各式各样的具体问题,《新大众》报都在《有问必答》栏目中给以解答,并且尽量找边区政府有关部门解答,使报纸更具权威性。因为通俗、实用,《新大众》报在人口不到500万的太行区发行量达到4.6万多份,而且大都是自费订阅。这是王春实践大众化、通俗化的又一硕果。

(三)进城后抱病主持《工人日报》工作。1949年1月,古都北平解放。2月4日,《新大众》报停刊。3月,新大众报社的人马由平山进城。先办《大众日报》,7月15日改为《工人日报》——中华全国总工会的机关报。王春为社长,冯诗云为总编辑。

进城办报,自然遇到很多困难,但由于王春长期坚持大众化、通俗化的方针,并培养了一批熟悉业务的队伍,很快适应了新的形势。在王春主持《工人日报》工作期间,他一天看许多稿子,改好多文章,还亲自动手写东西。为宣传中苏友好,他1949年写了《中苏关系史说本》;为配合抗美援朝斗争,他1950年写了《美国侵华史话》。他还建议在报上开辟了《一日一谈》专栏,带头写开门见山的小文章。他思想敏锐,知识渊博,写东西快。常见他用毛笔写出评论,直接送排字房,排出小样稍加修改,第二天便见报了。

王春是个老病号。战争期间缺医少药,他带病工作;进城后工作多,担子重,依然顾不上休息,他常常捂着肚子听汇报、写文章。去世之前,仍忍着病痛,专心编一本浅显易懂的《大众字典》。据赵树理回忆,王春在编这本大众字典时非常投入,"往往面对着一个字坐夜,好像一个老和尚在那里参禅悟道"。可惜文稿编了一半,肝癌就夺去了他的生命,享年仅44岁。王春去世后,全国总工会在八宝山革命公墓为他立了墓碑,写了悼词,哀悼这位为党的宣传事业勤劳不息、积劳成疾、英年早逝的新闻工作者。

(原载2007年《新闻三昧》第12期)

王春年谱

宋正轩

1907年(清光绪三十三年),1岁

王春,字千秋。

12月30日(农历十一月二十六)出生于山西省阳城县固隆乡东四侯村。

兄弟四人:王祯、王宾、王春、王芳,排行第三,乳名何旺。父亲王全忠,医术高,有文才,人称秀才郎中。

1916年(民国五年),9岁

进入本村私塾读书。

1917年(民国六年),10岁

正月进城,穿街而过,即可背下县署和各商号的春联,获神童称誉。

1920年(民国九年),13岁

考入阳城县立第五高等小学(位于北次营南佛堂)。全县在文庙组织竞艺会,考取第一,受到县长奖励。

1923年(民国十二年),16岁

以优异成绩考入山西省立长治第四师范。

1925年（民国十四年），18岁

在校博览群书,接受五四以来的新思想、新文化。尤其是他的古汉语功底和语言天赋进一步显示出来,同学们十分佩服,称之为王夫子。

9月,赵树理考入山西省立长治第四师范,与赵树理相识。

在学校参加共产主义青年团。

1926年（民国十五年），19岁

秋天,王春在校加入中国共产党。寒假期间,受常文郁之邀,和赵树理、时逸之等人到晋城东常村,参加晋山研究社,在农民运动讲习所讲演,宣传、发动群众反对封建势力,支持北伐。

1927年（民国十六年），20岁

春,与常文郁共同介绍赵树理加入中国共产党。

10月,与常文郁、赵树理等人发动驱逐反动腐败校长姚用中的学潮,亲写驱姚宣言。王春、常文郁、赵树理当选为校务委员会十委员成员。学潮取得胜利,校长被撤职。

1928年（民国十七年），21岁

2月10日,新学期开始。学校规定,学生可以自由结合住宿。王春与赵树理、赵克宏、霍启高同住一室,四人都是共产党员。

春,阎锡山下令"清共",常文郁被捕,王春暴露。为流浪生活计,他动员赵树理一起离校。赵自认识王以来,一直奉其为偶像,对其言听计从。王与赵一起离校,在安泽、阳城、沁水、济源一带躲避,靠赵树理以郎中身份为百姓看病糊口。

后返乡,到阳城第一高等小学任教。

1929年(民国十八年),22岁

担任阳城四区联合校长。

1930年(民国十九年),23岁

参与编修《阳城县志》。

1932年(民国二十一年),25岁

在匠礼村任义务教员。

1933年(民国二十二年),26岁

去往太原,靠做零工维持生计。曾与赵树理见面,开始关注大众文艺。

赵树理回忆道:"在1933年,他读了我几篇未完成的通俗小说(以反对阎锡山搜刮山西的财力人力造成地方的混乱为主题),引起他提倡大众文艺的动机,写了一篇理论性的文章说明其重要性,但以当时山西没有进步的报刊,终于没有找到发表的机会。自那时候起,他的兴趣就引到这一方面。"

从此,王春开始了对赵树理文学大众化的坚定支持。

1935年(民国二十四年),28岁

返阳城后先后在水头、固隆、苏村等地教书。

1936年(民国二十五年),29岁

教书之余,在学生中秘密开展抗日救亡宣传。

1937年(民国二十六年)，30岁

在长治参加牺盟会，由宋乃德介绍到阳城搞牺盟会工作，任二区牺盟会特派员，从此走上了抗日革命道路。

10月，由县牺盟会特派员要崇德和老红军桂承志介绍，重新加入中国共产党。

冬，在固隆乡下崖底王金满院南屋创办阳城第一所农民夜校讲习所，传播革命理论，宣传反帝、反封建、反压迫，号召民众抗日救国。亲手培养王凌园成为党的秘密交通员，以卖馒头为掩护，走乡串街传递情报。

1938年(民国二十七年)，31岁

先后任抗日政府四区、二区区长。

王春、赵树理介绍崔松林、刘春明、马子明、张仲芳、杨可箴等牺盟会骨干加入中国共产党，介绍王世清重新入党。

介绍、推荐一批进步青年、小学教员、区村干部到晋豫边抗日军政干部学校(阳城县驾岭乡吉德村)学习。

4月14日，日军血洗县城，700多群众惨遭杀害。受中共阳城县工委派遣与县公安局局长、晋豫边抗日游击纵队副司令兼支队长张月川，带一支武装和二区区公所干部回城安抚受难群众。

后半年，受党派遣，调晋城中心县委工作，任牺公联委领导成员兼公道团团长。

1939年(民国二十八年)，32岁

介绍太岳师范教员李志华加入牺盟会。

7月7日，《黄河日报》(路东版)创刊，任主编。

1940年(民国二十九年),33岁

2月下旬,太行文联因不满意王春、赵树理文艺大众化的主张,派姚天珍接管报社,因未带组织手续,王春拒不交接,发生冲突被扣。2月27日,《山地》被改名为《晨钟》,一改原来的大众化、通俗化文风。赵树理坚决反对,被改派为事务长。

3月,王春赴抗日大学六分校学习,半年后返回新华日报社工作,任华北《新华日报》编辑科科长。

1941年(民国三十年),34岁

8月上旬,和林火、赵树理等人发起成立通俗化研究会,力主文艺通俗化、大众化,积极拥护鲁迅关于文学大众化的主张。

9月25日,《抗战生活》革新号第2卷第1期发表通俗化研究会第一篇理论文章《通俗化"引论"》。10月25日,《抗战生活》革新号第2卷第2期发表《通俗化与"拖住"》。两篇文章是王春、赵树理、林火等讨论后起草的,均收入《赵树理全集》。

1942年(民国三十一年),35岁

1月16日至1月19日,与赵树理在涉县一起参加129师政治部和晋冀豫区党委联合召开的太行区文化界座谈会。

赵树理文学艺术大众化、坚决反对封建迷信的主张遭到一些人的反对,王春旗帜鲜明地站在赵树理一边。

秋,经杨献珍提议,彭德怀批准,与赵树理一起调入北方局党校调查研究室工作。

1943年(民国三十二年),36岁

秋,华北新华书店与华北《新华日报》分开,成立独立的编辑部,

王春到华北新华书店任编辑部主任。

1944年（民国三十三年），37岁

妻子张君莲、儿子王小兴随王春到八路军总部北方局机关所在地生活。

12月11日，到黎城县南委泉村参加太行群英会。

会后，王春与赵树理等人决定，由华北新华书店出版有关杀敌英雄、劳动英雄郭瑾、陈炳昌、任毛小、朱银马、关二如、暴文生、赵享德、马得合、凤才、庞如林、张喜贵等人的故事或戏剧，对于这些单行本丛书，王春和赵树理均一一过目、修改。

为了向敌占区宣传党的主张和毛泽东，他们将《论持久战》《新民主主义论》《论新阶段》伪装成《虞初新志》《文史通义》，发往敌占区，创造了"战争年代，在毛泽东各种单行本、专题文集著作的出版中，一种特殊的版本——伪装本。这种版本，是为适应对敌斗争形势的需要而产生的。这种版本销往敌占区，是中国共产党对敌宣传斗争的反映，也是毛泽东思想在敌占区得以传播的历史见证。这种特殊版本有着特殊的意义"。

1945年（民国三十四年），38岁

5月，《历史故事》由华北新华书店出版。

6月，北方局宣传部任命王春为华北新华书店总编辑。

1946年（民国三十五年），39岁

2月，晋冀鲁豫中央局宣传部任命王春为华北新华书店总编辑，冯诗云为副总编辑，史育才为书店经理，并由这三人组成书店管理委员会,王春任主任。

4月13日,晋冀鲁豫边区文联在邯郸成立,当选常务理事。

6月15日,《继续向封建文化夺取阵地》在《北方杂志》(创刊号)上发表。

7月21日,与边区文化界人士杨秀峰、范文澜、任白戈、陈荒煤、赵树理等联名在《人民日报》上发表《起来,踏着闻氏血迹前进》一文,抗议国民党反动派暗杀闻一多先生。

以千秋笔名著的《重庆的喜剧》由华北新华书店出版。

1947年(民国三十六年),40岁

5月,华北新华书店编辑、出版《怎样写稿》,收录了王春的《写具体的》《再论写具体的》两篇文章。

6月,《明确阶级立场、肃清地主思想》由太行山群众出版社出版,内收王春的《斗争怎样才算彻底》《理必说清 事可活办》《谁不给谁留出路》《掀开"思想防空洞"》《换一个看法想想》五篇文章。

8月30日,《换一个看法想想》在《人民日报》发表,介绍新华书店参加土改工作的经验。

在武安赵庄,提议成立华北新华书店职工学校,培训工农干部学文化,任教员。

1948年(民国三十七年),41岁

1月7日,为适应形势发展,《新大众》杂志改为《新大众》报,王春为社长。

3月,主编出版了晋冀鲁豫中央局版《毛泽东选集》(上下)。

1949年,42岁

2月,任中国人民解放军北平军事管制委员会委员、文教工作委员会委员、新闻出版部副部长兼新闻出版处处长。

3月15日《新大众》报迁入北平,改名《大众日报》继续出版,任大众日报社社长。

7月14日,《大众日报》停办,《工人日报》创刊,为中华全国总工会机关报,任工人日报社社长。

9月21日至9月30日,列席中国人民政治协商会议。

10月1日,登上天安门观礼台参加开国大典。

10月15日,北京市大众文艺创作研究会成立,被选为常务委员。

《中苏关系史说本》在《工人日报》上连载,后收入《说说唱唱》。

1950年,43岁

《愚公移山》由通俗读物出版社出版。

《故事新讲》由工人出版社出版。

5月28日至5月31日,筹办并出席北京市文学艺术工作者代表大会。

12月21日,任工人出版社副社长兼总编辑。

1951年,44岁

《美国侵华史话》由工人出版社出版。

为方便工农学文化,亲自编写《大众字典》。

12月,《仇人美帝》由文化供应出版社出版。

12月30日6时4分,因肝癌在北京医院逝世。

中华全国总工会、工人日报社、工人出版社、北京市文艺工作者联合会、北京市大众文艺创作研究会等单位推定刘宁一、张磐石、平杰三、杨献珍、戎子和、许之祯、刘子久、陈希文、李伯钊、赵树理、王亚平、王显周、史育才、彭庆昭、陈用文、颜天明、章容、顾锡章、张诚、史迈、曲跻武、苗培时、于成等组成王春同志治丧委员会。

1952年

1月5日,《人民日报》报道王春逝世。

3月10日,王春安葬于北京八宝山人民革命烈士公墓。

3月29日,北京《新民报》设立追悼王春同志特刊,发表康濯、王颉竹、王彭寿、曹菲亚等同志的悼念文章。

3月30日,《工人日报》设立悼念王春同志特刊,发表老舍、赵树理、王亚平、苗培时、章容等同志的悼念文章。

5月28日,中华全国总工会在北京八宝山革命烈士公墓为王春同志立碑纪言。